蘇格拉底到大數據
理性與非理性的鬥爭

吳鐵肩　著

五南圖書出版公司 印行

－謹以此書獻給所有愛智求眞的朋友們－

自 序

　　作者在大學時代曾經參加西格瑪社（Σ社）──成功大學的一個學生社團，其宗旨是：「藉自由討論互相啟發，培養獨立自由思想，提高學術研討風氣，激發青年應有熱情」。Σ在數學上是連加總和的符號，所以Σ社也就是希冀人和人之間、學問和學問之間能夠相加相乘的意思。Σ社集合了一些來自理工文商（成大在 1970 年代只有這四個學院）不同科系背景的大學生，大家除了公開舉辦一些活動如演講會、讀書會、討論會、藝展、劇場等，也時常私下見面聚會，談論各種問題，互相激烈爭辯，彼此真誠激盪，相互提醒要戮力於追求光明、理想、自由、獨立思考、真理與正義。知識分子不能只搞專業，目光如豆，而是應該完整完全，博學多聞；要吸取各種知識，什麼都聽、看、學、想，沒有任何禁忌，而且必須要有反抗與批判精神，對於權威、傳統、舊倫理、迷信要批判，對於世間所有的謊言要批判，對於現實一切的不合理要批判，絕對不能不批判──知識分子普遍喪失批判精神或能力，是社會良知與正義失落的標記。

　　作者一生都帶著上述的 Σ 精神的烙印，不時自我提醒：對於多種領域要有興趣、不要喪失理想，也不要喪失批判精神。作者在大學時對哲學和文學即有強烈興趣，也曾發表過一些涉及存在虛無、內在罪惡、道德懲罰、人間苦難等的小說。但因內心探索、自我審判的過程令人痛苦，常在孤獨中煎熬、幻滅裡掙扎，自覺拯救不了自己的人生，最後選擇了遠離血肉情淚，到抽象冷靜的數學、機率統計及電算機科學的世界中尋找和諧及秩序，藉以安頓身心。但作者對於哲學的閱讀和涉獵，則是持續一生數十年最大的興趣和愛好。

本書文筆力求通俗，即使沒有任何哲學、機率統計、大數據與電算機科學知識背景的人也都適合閱讀。本書是綜合作者一生所學，並融入Σ精神——整體性、批判性、理想性——而寫成的通識性讀物。作者懷抱著文學的熱情書寫冷靜的哲學（含機率統計哲學、大數據哲學），揮舞著有情之劍於無情的哲學與數學的領土；用絕望書寫希望，藉黑暗尋找光明，在書中對現實的激烈批判正反映出作者對於建立理想國度的渴望。人不論肉體在什麼年紀，都應該活得真切、有勁、熱烈，對於美好世界的追尋與建構永不放棄。作者希望由於一生的參與和努力，這個世界會變得比自己來時更為美好。

為了使論點清楚明白，在此將本書的特點與宗旨作一個簡要的概括。

本書有下列四個特點：

第一是從理性精神和非理性力量的矛盾鬥爭的觀點看西方哲學思想的演進，以及主要哲學家們在鬥爭與演進過程中所扮演的角色與地位。

第二是以辯證法的觀點，即正（肯定）、反（否定）、合（否定之否定）的辯證運動，看歷史中的理性精神和非理性力量的交替起伏消長，非理性力量要凌駕理性精神但反被理性精神吸納駕馭的對立統一，以及理性精神在鬥爭中不斷自我揚棄與自我更新的螺旋式上升發展過程。

第三是從哲學的觀點看機率統計與大數據；也從機率統計與大數據的觀點看哲學，而論及世界觀、人生觀、認識論、方法學與倫理學等方面的問題。

第四是綜合前兩個特點的精神，而預測一個以機率統計與大數據為思想內核的新理性運動或新啟蒙運動的來臨——二十一世紀的前二十年就正是這個運動含苞未放的等待時期。

本書有下列四個宗旨：

第一是結合機率統計與大數據對於或然不確定世界的觀測歸納以及哲學對於必然確定世界的懷疑批判，將它們融會成為一種新的數據科學批判理性。

第二是使一般讀者能夠輕易地掌握到哲學史 —— 即人類認識真理、追求智慧的歷史過程 —— 中的一些精華，而裨益於生命的深刻化、厚重化；其次，能夠輕易地掌握到在當前智能新時代，機率統計和大數據對於個體的思想生活以及對於集體的文化、倫理、科學、經濟、政治等的意義和作用。

第三是提倡或然世界觀、或然人生觀、或然知識論、或然道德因果律、大數據共產主義及大數據真善美主義等。

第四是提倡以哲學、科學與數學（機率統計、大數據）這三者的有機結合為核心來塑造中國（在本書中，中國泛指文化的中國，中國人泛指兩岸三地及全世界所有的華人）二十一世紀的時代精神，提升中華民族從非理性成為理性的民族；亦即，引領中國人從濫情、反智和宗教迷信中解放出來，變得莊重自律、清醒明智、尊重事實與數據，具有合乎邏輯的論述講理的能力、容納異己的雅量以及追求知識的熱情。

在此感謝上海復旦大學傅承德教授（前國立中央大學講座教授）多次邀請作者到國際數學奧林匹亞營及聯電資優數學營作結合了哲學、數學與機率統計的專題演講 —— 使作者開始認真的蒐集資料、思考哲學史及機率統計中的哲學問題，成為本書的起源與前置準備工作。其次，感謝國立清華大學許文郁退休教授提供附錄實例二的相關論文。再者，感謝國立清華大學鄭少為和國立交通大學王秀瑛兩位教授，前者於 2015 年邀請作者到清大、交大統計研究所作聯合專題演講，題目為「從蘇格拉底到迴歸分析」；後者於聽完演講後邀請作者

為《中國統計學報》（她當時擔任該期刊主編）撰寫一文。作者花了兩年時間將演講稿整理擴大，撰寫成一篇約兩萬字的邀稿論文：〈從蘇格拉底到大數據〉，刊登於《中國統計學報》（2017，**55**，pp.96-115）。本書約十一萬字，是以該文為基礎重構、擴大、深化、通俗化而成；該文帶給作者強烈的激勵和動力，引發許多進一步的思考和批判，促成了本書的誕生。另外，感謝五南圖書出版公司陳念祖副總編輯與李敏華責任編輯對於出版本書的支持與協助。最後，感謝妻子葛純貞女士提供了許多寶貴意見，如果沒有她長期的照顧、支持與鼓勵，這本書是不可能完成的。

　　作者力求將前述的理念貫徹於本書中，但因個人才疏學淺，雖竭盡所能，仍難免有疏漏、錯誤或力有未逮之處，懇請讀者不吝批評指教。

吳鐵肩

2019 年 7 月 23 日寫於大屯山

目　錄

緒　論

人類文明史是理性和非理性鬥爭的歷史。其具體表現為人本和神本的鬥爭；科學和藝術的鬥爭；理智和肉體的鬥爭；道德和縱欲的鬥爭；法律和暴力的鬥爭；真理和謊言的鬥爭；知識和迷信的鬥爭；開明和蒙昧的鬥爭；理性群體和非理性群體的鬥爭等。

理性基本上是指獨立地、邏輯正確地、尊重客觀事實地作抽象思考的能力以及自發能動的創造超越能力[1]，包括懷疑、批判、概念、判斷、推理、分析、綜合、概括、構想等能力；非理性是理性以外的生命力量，包括本能、欲望、意志、直覺、感情等。理性運用在數學、自然科學、形而上學等稱為理論理性或者思辨理性；運用在價值、道德、倫理、政治等稱為實踐理性[2]。

個人和社會的常態秩序依靠理性力量對非理性力量的成功駕御，否則就會失序，導致不安混亂，甚至恐懼動蕩。一個理性能力薄弱的人心智昏暗，容易為偏見、盲信、欲望、衝動與激情所支配，不可能過真正幸福、有意義的人生；一個大眾理性能力都薄弱的社會思潮言論淺薄昏亂，容易為意識型態、教條口號、煽情、憤恨與暴力所支配，不可能是真正文明、有正義的社會，因此理性能力的訓練培養至關重要，它是文明和野蠻的分野所在。

中國人缺乏嚴謹的理性思維傳統，自古至今皆以象徵、類比與圖像化為主要的思維方式。中國傳統上思辨理性不發達，而以實踐理性為主。主張回歸自然的道家和主張尊君、卑臣和愚民的法家，皆具有強烈的反理性、反智色彩；儒家倫理以維護血緣宗法社會森嚴的階級秩序為其主要目的，其經典主要集中在倫理、道德、政治內容的教條的、獨斷的和權威式的宣告，對於這些內容並無真正深入的、辯證的和形而上的探討[3]；對於不同意見或行為的人亦並無辯論、溝通、說服和包容的理性言說的傳統，而常施之以高壓、訓斥、人身攻擊和語言暴力等[4]。

西方深厚的理性傳統奠基於古希臘時期，其豐富的思想內容（幾

何、算術、天文學、科學、形而上學、倫理學、道德哲學、政治哲學和詩學等）、邏輯和求證的思維方法（辯證法、演繹法、歸納法、窮舉法、反證法和歸謬法等）以及爲眞理而眞理的自由求知的精神，引導塑造了整個西方文明。西方另外兩個重要精神傳統包括源於古羅馬對於技術、法律、組織和效率的重視，以及源於古希伯來的基督教（在本書中，基督教泛指廣義的基督教包括早期基督教、羅馬公教、希臘正教和新教等）對於唯靈主義、超越現世、追求彼岸的信仰。但是，不論是古羅馬思想文化，或是使基督教成爲高級宗教的神學教義，皆植根於古希臘的理性哲學[5]。

從大尺度看，西方理性文明歷經兩次嚴重的非理性反理性挑戰，一爲五世紀至十四世紀基督教宰制西方約一千年的反理性黑暗時代；一爲十八世紀末至今瀰漫西方的非理性反理性思潮，包括如浪漫運動、意志哲學、生命哲學、心理分析學、現象學、社會批判理論、存在哲學和解構主義等。

中古一千年以信仰壓制理性，卻激發了十四至十八世紀一連串噴湧的、偉大的進步運動，如文藝復興、宗教改革、科學革命和啓蒙主義等，而啓蒙運動更將理性的價值推向了最高峰。這說明西方理性文明總體來說具有自我批判和自我更新的能力，在適當的歷史條件下，能夠將反理性的勢力予以吸納轉化爲進步的動力。西方近現代兩百多年的非理性反理性狂潮雖然具有對「理性的狂妄」批判和警惕等價值，但是當代的後現代主義、解構主義已經走到了反理性的極端，只會破壞不求建設。根據文明史的教訓，一個謙卑的、更新的和進步的理性運動必然會應運而生。事實上，若從黑格爾（德，Georg Wilhelm Friedrich Hegel，1770-1831）唯心辯證法的角度觀之，啓蒙理性是正題（肯定），解構主義是反題（否定），一個新的理性運動 —— 或可稱爲新的啓蒙運動 —— 就是合題（否定之否定）；此乃歷史發展之必然趨勢。

　　中國文明基本上是非理性文明，中國迫切需要的是建立理性的思維和理性的生活方式，而不是非理性反理性的激情狂潮。中國自二十世紀五四運動時期開始的啓蒙運動，至今已經一百年，卻仍舊只徒具「民主」和「科學」的口號或者表面形式，其主要的原因就是由於根深蒂固的非理性傳統作祟。譬如，臺灣式的民主聚焦在對選舉和投票的激情煽動、操弄、控制以及在本質上為家族或幫派鬥毆廝殺式的政治：視強權為公理、視力量為正義，用謊言包裝仇恨、用宣傳洗腦群眾，不斷煽動鬥爭、打壓清除異己，為了錢權不擇手段、踐踏一切現代文明價值，只剩下赤裸裸的野心和利益。再者，西方因為古希臘學以致知傳統和古羅馬功利技術傳統的結合，而最終產生了近現代的科學。中國人缺乏思辨理性傳統，少有為了好奇而好奇、求知而求知的精神，以及客觀的、合邏輯的理論模型的建構，中國人普遍地重視現世生活、崇尚人間事功[6]，將人的價值完全定位在對於人類社會的具體有用性上，充其量僅僅發展了一些「利用、厚生」的科學技術，並沒有發展出科學精神。

　　中國人至今仍舊迫切地需要啓蒙理性，要走出精神的不成熟狀態，勇敢地求知，勇敢地使用理性，能夠不受監護、不依附權威、不需他人引導地作獨立正確的邏輯思考以及真假對錯、是非善惡的判斷。只有理性能力和理性精神才能使人獨立自持、清醒明智，從濫情、愚昧、偏見和迷信中解放出來，獲得真正的力量和自由。

　　數學和邏輯一向是思辨理性的核心。西方到了十七世紀，科學脫離了神學和哲學；哲學亦擺脫了神學，由研究本體論（ontology）轉向認識論（epistemology）；加上商業資本主義盛行，經濟、航運、國際貿易和金融保險業等蓬勃發展，中產階級興起、大城市相繼形成，使得機率（或稱作概率、或然率）和統計為了因應趨於複雜的社會生活需要而出現在歷史舞臺，成為認識世界的新工具。由於機率和統計結合了先驗假設、數學、邏輯、演繹法和經驗數據、歸納法，也

就是結合了近代認識論兩大派唯理論和經驗論的基本主張，因此發展
到了二十世紀遂躍居爲認識這個複雜而不確定的世界的主要方法，成
爲思辨理性的核心成分。

　　機率和統計以數學和科學理性爲主，直觀和想像等因素爲輔，兼
具科學的客觀實證和藝術的主觀審美色彩。機率思維打破了神意決定
論和機械決定論的思考框架，用或然性去度量並且區別世間的萬事萬
物。統計思維基於客觀實驗數據或者主觀半理性（如民意調查）數據
等，用統計歸納法去探索事物整體（母體）的性質、變化和發展：於
混沌覓秩序、偶然尋必然、部分窺整體、有限探無限，從而建構事物
整體在質和量上的某些規律、趨勢或關係等的或然知識，並且用機率
演繹法去估算其犯錯誤的可能性和大小。統計思維以數據作爲認識活
動的起點和界碑；實驗設計、抽樣方法、數據的品質和數量，以及建
模、估計、檢定、預測等所採用的統計方法，決定了或然知識的精確
性和必然性。無疑地，在未來的新理性運動中，機率、統計以及近期
興起的大數據思維必定將扮演非常核心的角色。

　　非理性氣氛濃郁的中國社會更需要機率和統計思維。中國人大多
迷信鬼神、占卜、巫術、命理、星象和風水等。在臺灣，許多高官政
客競相求神問卜，託夢神佛；若干大學教授公然在校園內燒香拜佛、
祈神祭鬼；一些企業主、醫生和律師帶頭抬轎護駕媽祖、宮廟問事；
眾多神棍不學無術、招搖撞騙；民間大街小巷神壇林立，動輒鑼鼓喧
天誦經叫囂、乩童遊街阻塞交通；人們隨處肆意焚燒紙錢，臭煙四
散。中國人的大眾傳媒、社群網路，以及政治、經濟、文化、社會和
倫理生活中，都充塞著宗教迷信和對於宗教迷信的宣揚傳頌。

　　宗教迷信是非理性和病弱心靈最明顯的標誌，是理性、自由和強
健心智永久的敵人。中國人的普遍迷信是人類文明史的一大醜聞，是
人類理性和自由發展史的一大荒謬。在長期沒有法治、紀律、公平和
正義的中國社會，四處都充滿了混亂、喧鬧、低俗、粗暴和野蠻，在

一張張迷信和反智的臉孔底下，躲藏著從生到死習慣於輕信、欺騙、不講理與耍暴力的心智幼稚的中國心靈。要把中國人從可憐、可哀、可嘆、可笑與可恥的宗教迷信中拯救出來，唯有靠科學和理性──尤其是機率和統計理性。人生的起伏無常和不確定乃是常態，可以用機率和統計或然地認識、度量、把握和預測，不可以靠宗教迷信指引，宗教迷信只會帶來更多的恐懼、懦弱、偏見、錯誤和不幸；世間的大機率現象固然常常會隨機地（randomly, stochastically）出現，而小機率事件亦終將隨機地一再發生，事屬必然，無需驚詫，更無需以緣、命、定數、果報和天意等累贅無用的概念來解釋。許多統計的研究已經證明占星術毫無價值，沒有任何特殊的預測能力；亦即，其預測力和純粹隨機預測相似（見附錄實例三），這說明統計檢測可以用來破除所有的宗教迷信和偽知識。只有破除了一切宗教迷信和偽知識，掙脫了以祖先（祖靈、祖先神）崇拜爲核心的家族血緣倫理的桎梏，消滅了對於各種人爲權威的吹捧造神匍伏崇拜，中國人才可能在精神上和行爲上變得獨立自主、自由自重、勇敢明理和莊重高尚；也才可能在文明列強的環伺中抬頭挺胸、昂首闊步，不再因爲本身內在精神的輕薄虛脫和外在行爲的低卑粗陋，而被文明先進國家的人民厭惡、歧視[7]。

爲了追尋並且堅持理念和眞理，人必須超越內在的欲望和感情等，並且常常和外在的干涉、壓迫和暴力等鬥爭。爲了眞理，西方有些哲人或者一生窮困潦倒、病死道旁，或者遭受迫害、放逐、亡命天涯，或者被監控、軟禁、入獄下牢，或者被判飮鴆、火刑卻不屈而亡等；他們深刻的思想化爲堅強的意志，寫下了震古鑠今的永恆詩篇；他們是萬古長明、永不熄滅的理性的火炬，引領西方脫離野蠻、黑暗和蒙昧，邁入開明進步的理性文明。落後的非理性社會朝向開明的理性社會的進展從來就不是容易的和直線的，而是如波浪式地前進或者螺旋式地上升；由於各種反動、反理性勢力必然瘋狂如犬狼般地

圍攻撲咬，理性領航者和理性推動者——個人或群體——就必須克服各種誘惑和苦難，堅持鬥爭到底，無懼於死亡毀滅，正如同伏爾泰（法，Voltaire，1694-1778）所言：「迷信和無知造成的狂熱，使各時代一直充滿病態；絕對不要讓有理性的人向那些沒有理性的人低頭屈服。」這樣的認識對於任何想要戮力於破除宗教迷信、祖靈崇拜和權威造神，破除統治集團和資本家撲天蓋地的宣傳欺騙、催眠洗腦和壓榨掠奪，破除庸俗大眾的濫情反智、輕浮無禮和冷霸粗蠻，而要追求和建立一個高尚清明、正義理性的文明社會的中國人，都應該具有重大的啟發意義。

　　西方自中古後期以來思想演化的大方向是從神本到人本，演繹到歸納，思辨到實證，客體到主體（外在世界到內在自我），確定到不確定，精神至上到物質至上。本書的目的在於從西方哲學思想發展的歷史中，去認識理性思維曲折的演化、理性和非理性力量激烈的鬥爭，以及機率、統計與大數據思維突破普遍必然性的宰制的過程。另外，本書亦從思想史正、反、合（肯定、否定、否定之否定）辯證發展的角度去預測一個新理性運動的誕生，並且省思機率和統計對於人類思維模式、世界觀、人生觀、認識論、倫理學的影響，以及大數據中的哲學和異化的問題。

　　本書嘗試結合三個部分：西方哲學（史）、機率和統計哲學及大數據哲學，而以理性和非理性的鬥爭、交纏、起伏、消長為主軸貫穿這三個部分。哲學思維具有反思性、致極性與超越性，講求追本溯源、刨根究底，可以訓練培養人的理性能力和理性精神——懷疑與批判的精神，使人不滿足於對事物僅有感官表象的認識及常識思維，而要求深入到事物背後去探究其本質、意義、規律、價值。例如，本體論涉及對於宇宙的存在（或實體）的本質的觀察沉思；認識論涉及從主體與客體（或思維與存在、意識與物質）的關係如差異性、同一性等問題出發，而對於自我的認識能力以及知識的起源、真理性和

方法學加以審視；倫理學和政治哲學涉及人和人、人和家庭、人和社會、人和政府、人和自然之間的理想應然關係的思考等。哲學思維可以逐漸地變化人的氣質，將淺薄輕浮的人變為比較深刻莊重，將粗心大意的人變為比較嚴謹縝密，即符合法蘭西斯·培根（英，Francis Bacon，1561-1626）所言：「凡有所學，皆成性格。」

　　建立理性社會的第一步，即是訓練培養人民能夠具有哲學、科學與數學（機率和統計、大數據）三者相結合的冷靜縝密的觀察與思維方式，同時能夠遠離那些煽情、浮誇、造作、荒誕、低俗的小說詩歌、戲劇繪畫、「四白牌」影視節目[8]與新聞宣傳等；它們只會使社會集體發燒、失去理性，向著感性濫情、胡鬧、粗陋、弱智、欺騙等沉淪。中國文化最需要的和最適合的即是和德國文化混血，因為德國是哲學、科學和數學的民族，德國人多半理性客觀、嚴肅厚重、認真不苟且，混血後正好可以中和現代中國人普遍的感性主觀、輕浮淺薄、馬虎隨便。德國法蘭克福學派的哲學家班傑明（Walter Benjamin, 1892-1940）有名言：「正因為這個世界充滿了絕望，所以我們才被賦予了希望。」當我們對於中國近現代當代的淺碟文化絕望時，我們更應該提倡哲學、科學與數學（機率和統計、大數據）的有機結合，希望這種結合能夠躍升為中國的時代精神，推動提升中華民族成為理性的民族，即普遍地能夠從事實與數據出發觀看世界，具有理性抽象思維與平實言說辯論的能力、寬容異己的精神，以及對於正確客觀知識追求與創造的勇毅。如是，我們在絕望中被賦予了希望，也找到了希望。

　　為了使讀者容易閱讀，除非必要，作者儘量避免使用太多的專業術語，一些比較技術性的敘述基本上都放在註釋中，但有時不得不留在本文裡。讀者即使跳過這些技術性的敘述，也不會影響閱讀時的連續性。茲將本書綱要簡述如下：

(一)「第一章到第六章」從古希臘羅馬開始到近現代當代西方重要哲

學思潮的梗概、哲學家在理性和非理性鬥爭中展現的堅持性或矛盾性、在理性和非理性鬥爭史上的角色和地位。

(二)「第七章」新理性運動的內核——機率和統計理性與大數據理性（合稱數據科學理性）；新理性運動的任務——拯救被解構主義破壞摧殘的文明，以及將非理性反理性的正面因素融入啟蒙理性中，使後者謙卑、更新、進步。

(三)「第八章」機率和統計的或然世界觀、人生觀、思維模式、認識論、方法學、倫理學、思維特徵（包括多重的二元辯證結合性、知識和行動的統一性與謙卑進步性，後者源自於將個別、偶然、隨機、無序性等非理性感性因素融入到啟蒙理性、數學理性之中）、在新理性運動中扮演的核心角色，以及在諸多領域的應用包括如哲學問題探討、物理學中的量子力學與統計力學對微觀粒子世界的探索、日常愛情生活、天文科學及破除占星術迷信等（見附錄）。

(四)「第九章」

  (i)　大數據技術革命的時代意義——二十一世紀時代精神：「數據即力量」

  (ii)　數據密集（data-intensive）型的科學發現新範式——二十一世紀認識世界新模式：「大數據裡淘金」[9]

  (iii)　大數據計算主義——結合大數據與計算科學演算法（algorithms for scientific computing）

  (iv)　大數據思維特徵——結合機率和統計思維、計算思維（computational thinking）[10]、複雜性思維（complexity thinking）[11]等理性因素，以及後現代解構主義的一些非理性反理性因素諸如雜多模糊性、混亂非結構性、離散碎片性以及去理論、去因果、去中心和去統一等

  (v)　大數據哲學問題包括本體論、價值論、倫理學、認識

　論——大數據的經驗論[12]、方法學——大數據歸納法（以
　統計歸納法為主導，輔之以機器學習〔machine learning〕、
　數據採礦〔data mining〕、雲端計算〔cloud computing〕）
　等

(vi) 大數據方法學面臨的挑戰與未來展望——從相關性向或然
　因果性發展

(vii)在大數據（網際網路或互聯網）技術與人工智能（或人工
　智慧，AI: artificial intelligence）[13] 技術攜手征服的世界
　中，人類的異化、沉淪以及如何向上提升的問題

註釋

1　古希臘的理性概念是：理性是規定性與自由性的辯證統一——即規範邏輯
　理性（Logos，邏格斯）與創造超越理性（Nous，奴斯）的對立統一。

2　我們採用亞里斯多德（Aristotle）或康德（Immanuel Kant）的理論理性、
　實踐理性的分類，而不採用韋伯（Max Weber）的工具理性、價值理性的
　分類，因為我們認為前者比較中立和周延。

3　對照之下，西哲如早期蘇格拉底（Socrates）用對話辯證法對於善、正義、
　勇敢等概念，以及近代斯賓諾沙（Baruch de Spinoza）、康德等對於倫理學
　都有深入的、形而上的探討。

4　例：(i) 宰予晝寢。子曰：「朽木不可雕也，糞土之牆不可杇也」。(ii) 原壤
　夷俟。子曰：「幼而不孫弟，長而無述焉，老而不死，是為賊」，以杖叩其
　脛。(iii) 孟子：「楊氏為我，是無君也；墨氏兼愛，是無父也。無父無君，
　是禽獸也」。(iv) 孟子：「……無辭讓之心，非人也……。」皆屬孔子孟子
　不合邏輯、無甚道理的人身攻擊和語言暴力。

5　基督教雖然反理性，認為知識使人墮落，理性使人邪惡，但是其神學教義
　的發展，例如，古典教父哲學代表人物奧古斯丁（Aurelius Augustine）和
　中世紀經院哲學代表人物阿奎那（Thomas Aquinas）的論述，卻都充滿了
　古希臘式的理性思辨或邏輯論證。

6　哲學家苗力田（中，1917-2000）說：「西方人重超越、尚思辨，學以致知；中國人重現世、尚事功，學以致用。」

7　例如：愛因斯坦（Albert Einstein）生前極力反對種族主義，並稱之爲白人弊病。但是，他在 1922-1923 年於亞洲旅行時寫下的祕密日記卻充滿了對於中國人的歧視。他形容：「中國人勤勞、骯髒、愚鈍，如果中國人取代所有其他種族，那就太遺憾了。對我們這樣的人來說，光是這樣想想，就覺得特別沮喪。……沒法兒培訓中國人進行邏輯思考，他們特別沒有數學天賦。……空氣中永遠瀰漫著各種惡臭，中國的葬禮在我們看來很野蠻，街上擠滿了行人。……中國人吃飯時不坐在長凳上，而是像歐洲人在茂密的樹林裡人小便時那樣蹲著。一切都安靜、肅穆。連孩子也無精打采，看起來很遲鈍。……他們往往更像機械人，而不像人。就連那些淪落到像馬一樣工作的人似乎也沒有意識到自己的痛苦，他們是特別像畜群的民族。……我發現這裡的男人和女人幾乎沒什麼差別，我不明白中國女人對中國男人有何致命吸引力？能讓中國男性如此著迷，以至於他們無力抵抗繁衍後代的強大力量。」（紐約時報中文網，2018 年 6 月 15 日）

8　筆者認爲海峽兩岸中國人拍攝的大多數電影、電視（連續）劇似乎都是白痴寫的、白痴導的、白痴演的、給白痴看的，故諷之爲「四白牌」。

9　參見黃欣榮（2015）。數據密集型科學發現及其哲學問題。自然辯證法研究，**11**，pp.48-54。

10　簡略地說，計算思維是運用電算機科學的基礎概念和邏輯來解決問題的思維。參見 Wing, J. M. (2006). *Computational thinking. Communication of the ACM*, **49**, pp.33-35.

11　複雜性科學認爲複雜性是介於混沌（chaos）和有序的邊緣。複雜性思維認爲傳統的簡單性思維——線性的機械論以及把整體僅僅看作其部分之和——已經過時，其基本特徵是非線性（非線性交互作用）的思維、超越分析化約（或還原）論的思維、系統整體性的思維、不確定性與多樣性的思維、自然有機論的思維等。參見 Mainzer, K.（邁因策爾）（1999）。複雜性中的思維（曾國屏譯）。北京：中央編譯出版社。

12　Kitchin, R. (2014). Big Data: New Epistemologies and Paradigm Shifts. *Big Data & Society*, **1**, pp.1-12.

13 臺灣譯爲人工智「慧」，但是，「慧」具有覺、悟等豐富深刻的內涵，「慧」何其難矣！人的一生常常有智而無「慧」，人造的電算機軟硬體和機器的「慧」又將從何而來？筆者以爲人工智「慧」是不恰當的翻譯，過於誇大、容易誤導；中國大陸譯的人工智「能」較中肯，而日本譯的人工「知能」最平實。

第 一 章

對普遍本質的追求

　　古希臘哲學脫離了神話世界觀，用素樸的經驗觀察和理性思辨，尋找非超自然的原因以解釋自然現象。它分爲自然哲學和形而上學兩派。前者主要從時間、空間、物質、冷熱乾溼、凝聚疏散、愛與恨（兩者皆爲稀薄的物質）等角度探索自然界的本原（或始基）、運動和變化，具有唯物論色彩[1]，可視爲物理學或自然科學的萌芽；後者以無形的思維、心靈、抽象概念或思想抽象物等爲本原以解釋世界的存在、動力和規律，具有唯心論色彩。

　　古希臘哲學到了蘇格拉底（約前469—前399）、柏拉圖（Plato，約前427—前347）和亞里斯多德（約前384—前322）師祖徒孫三代的時期達到巔峰。

┃第一節┃ 蘇格拉底 —— 哲學的化身、不朽的殉道者

　　蘇格拉底不贊同自然哲學派的探索方向，認爲人並不具有足夠的智慧去了解自然界的本原；他又十分反對當時的智者派（或詭辯學派、辯士派）以感覺主義、相對主義、懷疑主義而否定了客觀知識和眞理。他的使命是將哲學從蒼穹拉回到人間、從自然拉回到自我、從物質拉回到心靈，並且建立普遍必然、永恆不變的知識和道德本質。

　　蘇格拉底是雅典的良心，西方居於主流的理智主義倫理學（或道德哲學）的奠基人，奉行「認識你自己」的信條，透過對自我的審視考察、對自己靈魂[2]的深入認識以建立美德的普遍本質。基本上，他是將眞、善和福這三者畫上了等號，主張「美德即知識」、「無知即罪惡」、「有德者即幸福者」、「無人有意作惡」和「作惡者對於他自己的傷害要比對於他人的傷害更大」等。他貶斥感性、尊崇理性，和人討論問題的時候問多於答，使用對話辯證法（或精神接生術）；

即從對方所同意的前提出發，用不斷發問的方式，啓發、誘導對方發現他自己的矛盾而不斷地修改和調整其意見，如此逐步上升，而趨近到或歸納出一般本質和定義。他對於許多概念和定義亦無完整解答，強調理性思辨乃是邏輯嚴謹的不斷的批判和探索而非教條獨斷。他是「自知其無知」（或「我知道我什麼都不知道」〔I know that I know nothing〕）、「爲知識而知識」的愛智者，認爲一個未經理性審視、懷疑、批判的人生不值得活；一個沒有思想和議論的人生毫無價值；人應該追求一種好的生活——即靈性生活[3]——更甚於生活本身。

蘇格拉底是雅典城的一個出了名的怪人，不事生產，更不求任何功名利祿和榮華富貴。他年輕的時候曾經當過兵士也學習過自然哲學。他一貧如洗，但安貧樂道，無憂無慮，自由自在，富有人情味及毫無裝作的單純性[4]。他終年粗食淡飯、習慣光腳、穿著同一件破舊襤褸的衣服，完全摒棄一切肉體的享受；他也招收學生，但從不收學費，述而不著，以教育青年、拯救人的靈魂爲己任。他具有固執的理性與銳利的幽默等性格特質[5]。

蘇格拉底整個人生是愛眞理、智慧、美德的典範，他曾經表示：「只要我一息尚存，就絕不放棄哲學」；哲學是他的生命，他的整個人生就是哲學。馬克思（德，Karl Marx，1818-1883）讚譽他是哲學的化身。爲了點燃眞理、智慧和美德的火焰，他常四處奔走，在市集、運動場、廣場、街頭、巷尾等向人們不斷地發問、喚醒、規勸、譴責，要人思索生活的意義，而對專注於身體、錢財、榮譽卻不在意於眞理、美德、智慧的生活感到羞愧；要人相信他自己的無知，並且了解「照顧自己的靈魂」，即培養理性思考與理性行爲，使之「止於至善」的重要性等[6]；他這種理性靈魂的概念，是從被雅典人流放的哲學家阿拉克薩戈拉（Anaxagoras，約前 500－前 428）的自主、自發、能動、超驗的創造力：「奴斯」（Nous，意謂心智、心靈、精神等）傳承而來。他又喜歡批評政治、針砭時弊，像牛虻般不斷地叮咬

雅典的政客和市民們的良心，惹怒了當時執政的民主派的權貴們，而被視爲民主派的政敵、貴族主義哲學的源流和革命黨的知識領袖[7]。最後，他是以「蠱惑青年和不信雅典傳統的神」這個表面罪狀被告上法庭，而被判飲鴆而死；這可說是雅典人的首度逼使「哲學」服毒而亡！

　　蘇格拉底的拒絕逃亡、從容赴義、以身殉道展示了哲學所給予他的人格的力量。他死後，柏拉圖說：「在我所認識的所有的人之中，他是最善良、最賢慧、最公正的人。……感謝神賜我生命在他的時代。」黑格爾評之：「蘇格拉底的原則造成了整個世界史的改變，這個改變的轉捩點便是：個人精神的證明代替了神諭，經由主體意識和自我反思，主體自己來從事決定。……他是一位悲劇英雄，過早地來到了一個危機重重的世界；等到那個世界明白這是它的運氣，一切都已經太遲了。」[8]尼采（德，Friedrich Nietzsche，1844-1900）評之：「由於蘇格拉底之死，使他變成了雅典有爲青年的偶像。」[9]

　　蘇格拉底復興了被智者派解構、顛覆了的形而上學；甚且，他對於理性精神的弘揚、對於啓發式對話辯證法的倡導、對於普遍道德本質與抽象概念的定義（「是什麼」）的追問，引領了時代並且影響了西方哲學思想的走向。尼采說：「蘇格拉底是西方文明的旋風和轉捩點。……從他以後，日神阿波羅（象徵冷靜、理智、自制、秩序、夢幻美等）派就支配了西方文明的思想。」[10]蘇格拉底雖然以智慧、清醒、冷酷和邏輯性爲武器來反對欲望的野性[11]，但是他卻無法完全擺脫傳統的制約而有一些十分非理性的信念，例如他常在家中或到公共祭壇去獻祭，相信占卦，又提出神學目的論（設計論），認爲萬物如此精緻有序並非出於偶然，乃是出於某一位理性的神的設計及目的，一切事物都是以人爲目的，而人是以認識神爲目的；又如他宣稱常聽到一個靈異之聲，一位善良的精靈知交，禁止他去做他想做的事情，卻從不催促他去做什麼[12]；再如他相信人有不朽的、自由的靈魂

[13]，靈魂為個人意識所在地，具有德行與智慧的特徵；靈魂和肉體二元分離對立，後者是前者的囚籠；人死後靈魂脫離肉體，踏進永恆之門，到達了一個更美好和更自由的世界；所以，哲學就是預習死亡這種無限幸福的超脫[14]，人應該熱烈地擁抱死亡——這個信念使他能夠在赴死前泰然自若。

前述的這些虛幻不實、自我欺騙的信念，證實了蘇格拉底在固執的理性外殼下潛藏著某種神祕幻象家的氣質，能夠陷入到一個充滿假象的審美幻境中：將現實的苦難幻化為審美的歡悅、將沉重的悲劇幻化為深刻的喜劇。他的唯靈主義導致了西方超越現實的浪漫精神[15]，日後被基督教所吸取，而形成其重靈輕肉、以死為生的神學教義。

對於蘇格拉底非理性地反對自然哲學派的研究，羅素（英，Bertrand Russell，1872-1970）給予了最嚴厲的負面批判：「他在思維上是不科學的，一心一意要證明宇宙是投合他的倫理標準的。這是對於真理的背叛，而且是最惡劣的哲學罪惡。作為一個人來說，我們可以相信他有資格上通於聖者；但是作為一個哲學家來說，他可就需要長時期住在科學的煉獄裡面了。」[16] 雖然蘇格拉底確實對於科學（自然哲學）問題本身的直接探索並無多少興趣和成就，甚至抱持相當負面的態度，但是，羅素的批評卻明顯地過重而且不盡公允。事實上，正如亞里斯多德所說，歸納論證與普遍定義都必須歸功於蘇格拉底，而這二者都涉及科學知識的出發點[17]，所以蘇格拉底（或許是在無意中）撒播了科學精神和科學方法的種子，對於日後西方科學的發展產生了重大的影響。

| 第二節 | 柏拉圖 —— 理念世界與理想國的夢想家

　　柏拉圖代表形而上學派的頂峰。他的學說光芒萬丈，成為顯學；其思想敵人德謨克里特（Democritus，約前 460－前 370）的原子論雖然具有無與倫比的科學價值，卻因為著作大多佚失，而淪為隱學，直到近代才再度被重視。德謨克里特為百科全書式的人物，代表自然哲學派的頂峰。柏拉圖非常厭惡他，曾經說過想要把他的全部著作燒光 [18]。

　　柏拉圖是一個哲學家和詩人，具有強烈的狂想、空想的氣質。他所敬愛的老師蘇格拉底不公正地被處死之後，他也受到雅典民主派的迫害，而不得不逃亡到國外，在外邦一共流浪了十二年。其間他曾被西西里島的敘拉古（Syracuse）王國的僭主賣到奴隸市場，幾乎淪為奴隸 [19]。這些慘痛的經驗使他非常厭惡僭主制和民主制，並且視無知群眾為洪水猛獸。因此，他以寡頭專制的斯巴達為藍圖而構築哲王統治的理想國，又視可感的大千紅塵為近乎虛幻，就不足為奇了。

　　柏拉圖將蘇格拉底對於道德領域的探索延伸到對於一切存在事物的普遍本質的探索，是思想內容和境界上的巨大飛躍。他 40 歲回到雅典，創建了一所學園，收徒傳授哲學，被稱為學園派。學園的門上刻著「不懂幾何者勿入」（其真意應為「不能學習幾何者勿入」[20]），課程除了哲學、植物學等學科，還包括「四藝」，即算術、幾何、天文和音樂（聲學），足見他重視數學的抽象思維和深入萬物的本質、幾何的探究永恆而不生不滅的事物、音樂的美化和純淨化靈魂、宇宙的存在與和諧的奧祕，以及四藝之間的相關性和聯繫性。學園裡禁止（音樂以外的）藝術的存在，因為他認為藝術在認識論上會混淆視聽，而且在道德上也是導致靈魂墮落的重要根源 [21]。學園派中期（前

三世紀—前一世紀）演變成以懷疑派爲主，反對變得日益廣泛流行的占卜、巫術和星相學的信仰，提出了一種建設性的有關或然性程度的學說，主張人雖然並無確實的可靠性，但是應該根據所有可能假設之中或然性最大的一種而行事[22]。可惜該學說的細節佚失，否則或然率的發展可能會提早兩千年。

柏拉圖的本體論是客觀唯心論，認爲有一個客觀獨立自存、完美、不朽的理念（或理型、相、形式）世界，在時間上和邏輯上都先於可感的現實世界——即人的感性世界；一切可感的具體事物皆是對於某些理念的模仿和分有，有瑕疵而不完美。例如：「人」（指人的理念，餘類推）比任何具體的個人真實而完美；「美」比任何一朵具體的玫瑰的美真實而完美。任何一個具體事物所依據的理念都是該事物的種屬的一般性、變化的法則性和發展的理想性這三者的總和[23]。理念有高低層次，較低理念趨向較高理念，「善」（並非狹義的倫理學上的善，而是完善、完備之意）爲最高理念，趨向「善」是萬事萬物的動力和目的。理念世界可知不可感，是唯一的存在和真實，只能用思想把握；人的感性世界雜多紛擾、生滅起伏、變化無常，可感不可知，是半存在——既存在又不存在，近乎虛幻；原始物質本身是完全地非存在。這種眼見爲虛、思想爲實的世界觀是從早期希臘哲學家畢達哥拉斯（Pythagoras，約前 572—前 497，主張「數是萬物的本原；一是數的本原」）和巴門尼德（Parmenides，盛年約在公元前 504—前 501 年，主張「能夠被思維者和能夠存在者是同一的；存在是唯一、永恆、不變不動的；人的感性世界是完全地非存在」）等傳承到柏拉圖。他用詩的想像、藝術的熱情以及哲學的沉思構築了一個抽象的、完美的、絕對的、永恆不變的理念王國，視可感的現實世界爲它的令人失望而又失敗的摹本。這些善、理念王國以及失敗的摹本的概念，日後經新柏拉圖主義而被基督教吸取、融匯、轉化成爲純粹精神的上帝—此岸的墮落和罪惡—彼岸的天國的神學教義。

　　柏拉圖繼承了蘇格拉底的靈魂不朽論，將自動和自發視爲靈魂的基本屬性。柏拉圖認爲肉體有二重罪，一是倫理方面：肉體的欲望會誘惑靈魂墮落犯罪；二是認識方面：生理的需求、疾病、愛、欲、恨以及執感官經驗爲實都會阻礙靈魂對於眞理的認識。肉體的快樂和痛苦是把靈魂釘住在肉體上的釘子，人要盡力地節制肉體的快樂、欲望和悲傷，在儘可能接近死亡的狀態中生活；並且要學習從容地面對死亡，死亡並不可怖畏，乃是靈魂的解脫和純潔化。

　　柏拉圖的認識論是唯心主義先驗論，認爲人的知識是先天的、與生俱來的，後天的學習只能習得介於未知與已知之間的事物。人的靈魂曾經居住在理念世界之中，卻因爲肉體的羈絆而脫離並且遺忘了理念世界的一切，後天的感覺經驗和學習是刺激和媒介，使得靈魂可以回憶起曾經知道的理念和眞理，所以知識皆是回憶。回憶可以說是人的靈魂對於理念世界的渴慕與返回；但是，因爲每個人的靈魂能力不盡相同，所以回憶的境界有高低之分，境界最高者可以回憶到「善」。柏拉圖藉著三個比喻：日喻、線喻和洞喻加以闡述。他藉著日喻，說明「善」在理念世界的功能、作用和地位正如同太陽在可見世界的功能、作用和地位一樣；又藉著線喻，說明對於虛幻的感性世界的認識僅屬於低層次的意見（想像或猜測、信念），而對於眞實的理念世界的認識方爲高層次的眞理（理智、理性）；再藉著洞喻，說明人不能沉迷、陷溺或囚禁於昏暗洞穴般的感官情緒世界裡，而應該運用靈魂的能動性不斷地破除成見、轉向、回憶與反思，而逐漸地提升到明亮的理念思想世界——那唯一眞實存在的世界——之中，最後甚至可以仰望到最光明的「善」。

　　柏拉圖鄙視實用價值，看輕形象思維，如文學作品和藝術作品都是對於感官對象和幻象加以模仿、誇張和渲染，是摹本的摹本、幻影的幻影，離眞理最遠；他看重抽象思維如數理、哲學範疇（category，亦稱爲「種」，指最高或最大的概念）、審美、道德及

「善」等。他的「通種論」探討關於正反對立矛盾的哲學範疇結合統一的問題，具有相當的辯證精神，基本論點爲：哲學範疇的結合統一並不依賴於任何感性經驗，而是在範疇和範疇之間進行純粹理性的辨析和推理，運用辯證法將正反對立矛盾卻又相通相聯繫的哲學範疇，例如：存在和非存在（有和無、是和非是）、靜和動、同和異等，互相轉化或者統一在高於它們的第三範疇之中。柏拉圖及早期的希臘哲學家赫拉克里特（Heraclitus，約前 540—前 480，主張「萬物皆流，無物常住」；又創「邏格斯」〔logos〕一詞，意爲道、理性、邏輯、話語、規律、法則、尺度等）、芝諾（Zeno of Elea，約前 490—前 430，以飛矢不動、英雄阿基里斯追不上烏龜等詭辯論著稱）、普羅泰戈拉（Protagoras，約前 490—前 421，有名言：「人是萬物的尺度」）、蘇格拉底等爲辯證法先驅。到了近代，辯證法被德國唯心主義的康德（1724-1804）、費希特（Johann Gottlieb Fichte, 1762-1814）、謝林（Friedrich Wilhelm Joseph Schelling, 1775-1854）和黑格爾的正、反、合所發揚光大。

柏拉圖的本體論、認識論和理想國（政治哲學、倫理學）是同構的。他視個人爲縮小的國家，國家爲放大的個人，倫理學和政治哲學皆是以正義爲核心。個人靈魂和國家都包括理性、意志（或激情）和欲望這三部分，在個人是由頭、心、腹部以下，在國家是由統治者（哲王）、保衛者（衛士軍人）、勞動者（農工商）分別司掌，其美德分別爲智慧、勇敢和節制。當智慧的理性，藉著勇敢的意志而節制了欲望，使欲望屈從；即當理性統治了非理性的力量時，就實現了整體和諧的正義：在個人爲心靈調和有秩序，在國家爲人民各安其分，各守其職，互不僭越。柏拉圖的理想國是準專制共產社會，等級森嚴，人民屬於國家，無自由，男女絕對平等，一切有關教育、文藝、職業、婚姻、家庭、生養（遵循嚴格的優生學）等幾乎皆由國家控管或分配；詩人、藝術家和戲劇家，除非願意只爲國家祭典以及

社會道德教育和宣傳等服務，否則在原則上都得被趕出理想國，這
是因為文學、藝術和戲劇作品只會鼓動平庸低劣的情感、敗壞人的
靈魂，例如，悲劇使人容易染上「感傷症」，而喜劇卻使人容易染上
「小丑病」；奴隸只是會說話的工具，沒有人的權利和地位，只適用
於物權法；哲王（男女均可）必須接受長期的艱苦磨練和考驗、體驗
塵世中爾虞我詐的實際鬥爭、掌握「善」和「正義」的知識、通曉
理念、擁有智慧；哲王和保衛者（勞動者除外）必須終生獨身、無
家庭、無私產；過著儉樸、共產、共食、共妻（夫）、共子女的集體
生活，從利己主義中完全解放[24]。柏拉圖的理想國反映出他對於現
實政治和社會的失望和厭惡，但是，理想國完全脫離現實，忽視人
性的侷限性，因而不可能在人間實現。然而，他的浪漫狂想卻影響
了後世許多人如創「烏托邦」的湯瑪斯・摩爾（英，Thomas More，
1478-1535），著有《愛彌兒》一書而主張回歸自然的盧梭（法，
Jean-Jacques Rousseau，1712-1778），空想社會主義者聖西門（法，
Henri de Saint Simon，1760-1825）、歐文（英，Robert Owen，1771-
1858）和傅立葉（法，Charles Fourier，1772-1837），法西斯主義與
納粹主義者希特勒（德，Adolf Hitler，1889-1945），以及科學社會
主義與共產主義者馬克思、列寧（俄，Vladimir Lenin，1870-1924）
和毛澤東（1893-1976）等。但是，批判理性主義者波普爾（奧，
Karl Popper，1902-1994）卻批判柏拉圖為開放社會的敵人──因為
他所提倡的理想國，是一切都追隨哲王的極權主義之國[25]。

柏拉圖以演繹法冷靜而理性地推導世界，但其無法證明的前提或
假設卻似乎出自他的審美想像和對現實世界的複雜情感。因此，確切
地說，他所虛構的理念世界和理想國更像哲學詩或寫意畫，是理性和
非理性交織糾纏的藝術品；若是借用柏拉圖的迷狂說（或靈感說、出
神說），是出於詩的迷狂和理性的迷狂的作品。

柏拉圖認為如果靈魂藉著認識的積累而回憶到了理念世界，直接

地觀照到了「美」本身和「善」本身，並且渴求與之相融合，則理性的迷狂就可能發生；它是建立在理性基礎上的非理性，除了最後迷狂的時刻外，整個過程都受到理性的控制。另外，他又區分了幾種難以控制的非理性的迷狂，包括如：預言的迷狂、教儀的迷狂、酒神的迷狂、生殖（愛欲）的迷狂和詩的迷狂等。其中預言的、教儀的、酒神的和生殖的迷狂都低於詩的迷狂；而所有非理性的迷狂又都低於理性的迷狂。柏拉圖理想中最高層次的愛情超越肉慾、情色和生殖衝動；它是玉潔冰心、高貴典雅的純粹精神的愛情，它引領靈魂上升而通向「美」、「善」，是屬於理性可以控制的迷狂。因為柏拉圖曾經想作個大詩人，直到二十歲左右跟隨了蘇格拉底以後才潛心哲學，所以他對詩的創作，以及哲學和詩、邏輯和感性、理性和非理性之間的內在聯繫，有深刻獨特的體會。他認為詩的迷狂是為理性的迷狂作準備；詩人如果不得到靈感，不失去平常理智而陷入迷狂，就沒有能力創造，就不能寫詩或代神說話；因此，神智清醒時寫的詩遇到迷狂時寫的詩就會顯得黯然無光；作哲學家的一個必要條件是詩神附體，哲學家是愛智慧者、愛美者、詩神和愛神的頂禮者，是結合了真善美的最高等人[26]。柏拉圖的迷狂說闡明了：非理性寄託而且隱含在理性身上，是理性自身的一個環節[27]；非理性的價值體現在屈從於理性、替理性服務、協助理性實現其尋求真理和把握真理的目的。柏拉圖這種理性尊貴而非理性低卑，或心靈（精神、心智）尊貴而肉體低卑的主張，長遠地影響甚至統治了西方傳統哲學，導致了懷特海德（英，Alfred North Whitehead，1861-1947）說出其名言：「兩千年來的西方哲學無非是柏拉圖的註腳而已。」

| 第三節 | 亞里斯多德 —— 高傲的百科全書式人物

　　亞里斯多德代表古希臘哲學的巔峰，曾任亞歷山大大帝（Alexander the Great，前 356—前 323）的老師，創逍遙學派（或漫步學派）。他是科學和邏輯學奠基者，也是哲學泰斗。他吸取了自然哲學和形而上學兩派之長，而集其大成。

　　和其師柏拉圖的天馬行空相比，亞里斯多德比較重感性經驗而務實；柏拉圖從抽象概念出發看具象事物，亞里斯多德則反之，而將感官經驗當作知識的起點。柏拉圖具有熱情、浪漫、迷狂和神祕的氣質，而亞里斯多德則是審慎、嚴謹、理性和邏輯的，兩人的精神氣質大不相同。羅素將他們的差異歸結為「熱情和審慎的衝突」，並且認為這是一個貫穿於整個西方哲學史的基本衝突[28]。

　　亞里斯多德知識淵博，研究領域幾乎無所不包，為百科全書式的人物。他視求知為人的本性，而將知識分為三類：理論或思辨（形而上學、物理學、數學、邏輯學等）、實踐（倫理學、政治學等）、製作或生產（詩學、藝術、修辭學等）。理論知識是為知識而知識，高於其他知識；其中形而上學為最高學問，探求事物的普遍和一般的原因和原理，是所有其他學問的基礎，為第一哲學；物理學（自然科學）次之，為第二哲學；邏輯學是方法學，主要應用於前二者。他認為「哲學產生於好奇和閒暇」、「哲學是一切科學的總匯」、「一切科學都比哲學更有用，但哲學是唯一真正自由的學問」；此處「自由」可以有二層含義，一是哲學本身因為無前提、無任何外在目的而自由，二是哲學家因為愛智慧而自由。

　　亞里斯多德創三段論理則學及形式邏輯，研究問題總是從邏輯角度切入，邏輯周密。但是，他對於經驗事實卻缺乏嚴謹的觀察和實驗

性，這主要是因爲所處的時代的限制，使用的儀器頗爲簡陋；另外，也因爲他重視演繹的理性，卻不太重視歸納法，他認爲歸納法主要是演說辯論時的一種說服技術，而不是證明眞理的有效方法。他將科學定義爲分科之學，各科獨立而有不同的研究方法和原理。他擅長於蒐集、整理資料，建立了宏偉龐大的科學體系包括如生物、動物、解剖、天文、物理、胚胎、遺傳、心理、考古、地質、地理、氣象等學科。

　　亞里斯多德主要是從幾何審美和自然目的論的觀點，去解釋日月星辰及天地萬物的運動變化。在物理學上，他反對有眞空存在，認爲物體的自然位置和質量決定了其運動的方向和速率；在自由落體運動中物體落下的速度和其重量成正比，故而重者先落地，輕者後落地。在天文學（或宇宙論）及化學上，他認爲地球是球形，永遠靜止不動而爲宇宙中心。宇宙分爲月（含）上和月下（或天域和地域），月下的一切東西有生有滅、變動無常，由水、土、火、氣等四種基本元素構成，這四種元素的自然運動乃是以直線運動回歸到其自然位置，水及土因爲較重，故朝向地心作向下的直線運動；氣及火因爲較輕，故背離地心作向上的直線運動。月下任何物體的自然運動是由構成該物體的元素中占優勢者決定；除了自然運動外，月下物體的其他一切運動，都是非自然的強迫運動，都必然有外力在推動，而會造成物體的方向和速率的變化。月上的一切東西，包括太陽、月亮以及所有其他的行星和恆星等星體，都是不生不滅、不增不減，而完全由永恆不變的第五種基本元素「以太」所構成；以太的自然運動是圓運動，故而星體都是完美、光滑、不變的球形，其自然運動是繞著地球作等速圓周的永恆運動；至於流星與彗星，因爲會消逝毀滅，故必然屬於月下，是某種大氣的燃燒現象。亞里斯多德的天文學，後來被納入托勒密（Claudius Ptolemy, 90-168）的天文學而成爲基督教的正統思想，影響後世甚巨。羅素評之：「亞里斯多德在科學方面也正如在哲學方

面一樣，始終是對於進步的一個嚴重障礙。自十七世紀的初葉以來，幾乎每種認眞的知識進步都必定是從攻擊某種他的學說而開始。」[29]

亞里斯多德的第一哲學（形而上學）主要爲實體論或存在論，乃是對世界本質和實存本身的研究。他綜合了德謨克里特的原子論和柏拉圖的理念論，認爲實體必須具有獨立存在性，是承載各種可變屬性背後的不變者，個別物是實體，理念卻不是；理念並不能夠獨立於、先於個別事物而存在，而應該寓於、後於個別事物。另外，他批判柏拉圖的理念論如：邏輯不嚴謹；分有和模仿的概念模糊，屬於詩意語言，毫無意義；抽象的理念世界無助於對可感世界的了解，反而化簡爲繁成爲累贅等。對於其師的背叛引出他的千古名言：「吾愛吾師，吾更愛眞理」和「哲學不必與吾師同歸於盡」。但是，或許是因爲對於其師的心理和情感因素，又或許是因爲無法完全擺脫其師的思想的影響，他後來又改稱個別物爲第一實體，理念爲第二實體；這種折衷妥協性使得亞里斯多德被後人評爲「在唯心和唯物之間搖擺」。

前已述及，亞里斯多德將歸納論證與普遍定義歸功於他的師祖蘇格拉底，這二者都涉及科學知識的出發點。但是，亞里斯多德也批判他的師祖。例如，他認爲蘇格拉底的「德行即知識」和「智慧是一種知識」都是錯誤的，因爲德行和智慧都不是知識[30]；又如，他主張自由意志既可以行善又可以作惡，對於行善與作惡都必須負責，而並不贊同蘇格拉底所主張的「無人有意作惡，作惡是出於無知，所以對作惡不須負責」的理論。他認爲蘇格拉底高估了理性的能力，忽略了靈魂內的非理性部分，後者使人的意志軟弱，無法不做明知不對的事[31]。很明顯地，亞里斯多德對理性的信心不如蘇格拉底般的堅定；或許也可以說，亞里斯多德對人類非理性靈魂（包括生長和嗜欲這兩部分）的認識和理解較蘇格拉底爲深刻。在此必須一提的是，希臘先哲們所建立的「在眞理面前，只認對錯而勇於質疑和挑戰，不受任何倫理輩分的拘束限制」這一傳統，是西方思想學說能夠不斷地向前進

步和發展的原因之一。

亞里斯多德用質料和形式（後者含括動力和目的）的結合說明事物（或實體）的原因；用潛能到實現（或現實）說明事物的生成；質料即潛能，形式即實現。宇宙是一個統一體：最低的事物是純質料，最高的是純形式，其他任何事物都是形式和質料的統一；亦即，是低它一級的事物的形式（以及動力和目的），同時也是高它一級的事物的質料；較低質料要向較高形式發展、潛能要變成現實就造成運動；如此不斷地運動，宇宙萬物就朝著最大程度的形式、現實和美好而演進。這是含有內在目的，充滿著過程、有機的宇宙模型。最低的純質料、純潛能不具有任何形式規定性，類似於德謨克里特的原子；而最高的純形式、純現實是終極目的和最高動力（稱為第一推動者、不動的推動者或神），是客觀抽象的存在，卻規定了一切具體事物的發展；這幾乎是柏拉圖客觀唯心的理念論的改良版：用動態的目的論、生成論取代了柏拉圖靜態含糊的分有說、模仿說。

亞里斯多德在政治上反對僭主制、寡頭制（富人統治）和民主制（窮人統治），而主張君主制、貴族制或共和制（立憲政府），這種主張反映在其倫理學上的也是一種不平等的思想：最好的東西本質上只是為了少數人，亦即為了驕傲且恢宏大度的人與哲學家，大多數人主要只是產生少數統治者與聖賢的工具，應該滿足於次等的東西。他思想中缺乏仁愛，人類苦難並沒有在情感上打動他；他信仰的不是平等，而是和人的價值或德行成比例的平等，並且認為驕傲且恢宏大度是一種德行，而謙卑卻是一種罪惡。在人生哲學上，他認為成功的活動和德行可以導致幸福，而幸福就是善；德行分為「知德」和「行德」兩種，「知德」在於合乎理性的活動，理智的靜觀是一切活動中最美好和幸福的；「行德」在於避免極端即過度或不足的惡德，而取中庸之道：不驚訝、冷靜的懷疑、找出兩個極端之間的中道是幸福的關鍵；但是，本身邪惡的言行如怨毒、嫉妒、無恥、盜竊、通姦、謀

殺等並無中庸之道可言，中道的邪惡仍舊還是邪惡。另外，人應當盡力使他自己不朽，盡力依照他生命中最美好的東西而生活；因為它即使數量很少，但在價值和力量上卻遠超過一切 [32]。

亞里斯多德出身高貴而且一生都和亞歷山大大帝有密切的關係，其思想帶著高高在上的貴族階級色彩；他是菁英主義者，對於普羅大眾和社會底層人民缺乏同情，例如，他認為奴隸有奴隸的本質，而自由人有自由的本質，他們的社會地位不同，只是各自本質的展現 [33]；這說明他雖然極度理性，但是卻未能擺脫非理性的階級意識的制約。亞歷山大大帝死後，亞里斯多德因為被指控不敬神而逃離雅典，留下了一句悲狂的名言：「我絕不讓雅典人再度冒犯哲學。」數月後，或許是因為不適應顛沛流離的小民生活，他在生病、落寞和絕望中服毒自殺 [34]。這可說是雅典人的第二度逼使「哲學」服毒而亡！

▌第四節 ▌ 古希臘理性思辨哲學的黃昏

亞里斯多德死後，希臘哲學開始衰頹。「亞里斯多德是歡樂地正視世界的最後一位希臘哲學家。從他而後，所有的哲學家都是以這樣或那樣的形式而具有一種逃避的哲學。」[35] 在希臘化時代，即自亞歷山大大帝逝世到埃及托勒密王朝被羅馬滅亡（前 323—前 30），哲學主要有伊壁鳩魯（Epicurus，約前 342—前 270）、斯多噶（創始人為芝諾，Zeno of Citium，約前 336—前 264）以及皮浪（Pyrrho，約前 360—前 270）三個學派。其中，伊壁鳩魯學派提倡快樂主義，主張「快樂是指身體的無痛苦和靈魂的無紛擾」、「快樂即幸福」、「幸福即德行」和「神不足懼、死不足憂、樂於行善、安於忍惡」；斯多噶學派提倡禁欲主義、世界主義（犬儒學派的第歐根尼，Diogenes of Sinope，約前 412—前 324，是此二思想的先驅）與平等主義，主張

「德行即幸福」、「順應自然、服從世界理性（即邏格斯〔logos〕：
道、規律、法則）和命運而生活，即可獲得自由」和「人人彼此皆
是兄弟而且平等，亦皆是世界城邦的世界公民」；以及皮浪學派提倡
懷疑主義或存疑主義，主張「懸擱判斷、不置可否即是至善」、「不
相信任何事物、不發表任何意見、不作任何決定」和「在一切變故
前皆不動心而享安寧」。這三個學派，不約而同，「都把脊背朝向世
界，都是自我意識的哲學」（黑格爾語）；其共同特點是對政治冷漠，
並且對自然哲學派的世界本原問題和形而上學派的抽象本質問題都不
大感興趣，只是面向自己，關心在當前無聊、無望、充滿罪惡的世界
裡如何找到生存意義、如何避免煩惱紛爭，獲得德行或幸福。對於哲
學這種朝往狹隘的生存論或倫理學的轉向和逃避，安古斯（Samuel
Angus）評之：「哲學不再是引導著少數一些大無畏的真理追求者
們前進的火炬：它毋寧是跟隨著生存鬥爭的後面在收拾病弱與傷殘
的一輛救護車。」[36] 那時代的數學和科學倒是十分發達，產生出像
歐幾里德（Euclid，約前 325 年—前 265，名著為：《幾何原本》或
《形論》、亞里士達克（Aristarchus of Samos，約前 310—前 230，
首先提出日心說以及地球每二十四小時自轉一周的理論）、阿幾米德
（Archimedes of Syracuse，約前 287—前 212，大數學家和物理學
家，有名言：「給我一個支點，我就可以舉起整個地球」）和亞波羅
尼奧斯（Apollonius of Perga，約前 262—前 190，名著為：《圓錐曲
線論》）等輝煌人物，可稱得上是數學和科學的黃金時代。

　　新柏拉圖主義出現於羅馬帝國時期，其代表人物為普拉提諾
（Plotinus, 205-270），基督教神學家們稱譽他為「柏拉圖再世」；羅
素讚譽他是古代偉大的哲學家中的最後一人。他生活在羅馬帝國最多
災多難和最混亂的一個時代裡，從現實的毀滅、悲慘和絕望中，他嚮
往一個光榮的、永恆的美與善的世界，決心要在抽象的理論世界中尋
求終極幸福。他將柏拉圖客觀獨立自存與可知不可感的理念世界代之

以太一（Oneness，一）、奴斯（Nous，心智、心靈、精神）和靈魂三位一體的哲學思想——是柏拉圖思想進一步的神祕化和宗教化。其中，太一為世界之最初與萬物之源泉，既超越於理念世界之上，也超越於「有（存在）」之上；既先於「善」，也先於「美」，是一個撲朔迷離，不可言說，也不可認識的神祕主義概念；奴斯是從太一流溢而生，是太一的肖像和具體呈現，奴斯創造出永恆不朽的理念世界；不滅的靈魂是從奴斯流溢而生，是奴斯的肖像和具體呈現，靈魂創造出可感世界，即一切個別的與可感的事物（包括肉體在內）的總和。普拉提諾重視內在體驗、直觀、感悟和出神，認為內心世界比外面的世界更重要，觀察內心深處可以看到神明，而觀察外面世界則會發現缺陷和醜陋，因此他提倡人們少觀察外面世界，多觀察內心世界；經由德行的修養、靜觀沉思冥想、摒棄萬事萬物，可以使靈魂擺脫肉體的汙染和束縛而上升，回歸到奴斯；更上升，回歸到太一，終於達到天人感通、神人合一的迷狂境界。普拉提諾是一個憂鬱的樂觀主義者，具有純潔與崇高的道德品行。但是，他的三位一體的神祕思想和修行方式，卻將哲學從光明的理性思辨的大道拉到晦暗的神祕主義和信仰主義的祕徑，標誌著古希臘理性思辨哲學的終結，更標誌著反理性的基督教哲學的開端[37]。

▌第五節 ▌ 非理性力量主導的「理性的虛構」

　　蘇格拉底、柏拉圖和亞里斯多德三人把古希臘理性哲學推到了巔峰，建立了包括本體論、認識論、宇宙論、邏輯學、政治哲學、倫理學等的宏大嚴謹的思想體系，造成了理性哲學的黃金時代。但是，他們三人的某些思想、態度或信仰卻暗藏著強大的非理性的因素，這些因素和他們死後理性思辨哲學的衰頹——轉向如前所述的狹隘的生存

論或倫理學，以及後世思想生機的萎縮都有著相當大的關係，例如，羅素作出了如下的總評論：「隨著蘇格拉底而出現了對於倫理的強調；隨著柏拉圖又出現了否定感性世界而偏重那個自我創造出來的純粹思維的世界；隨著亞里斯多德又出現了對於目的的信仰，把目的當作是科學中的基本觀念。儘管有柏拉圖與亞里斯多德的天才，但是他們的思想卻有著結果證明了是為害無窮的缺點。從他們那時候以後，生氣就萎縮了，而流俗的迷信便逐漸地興起。」[38] 羅素的總評論雖然不夠持平，有些語不驚人死不休的嫌疑；譬如，許多流俗的迷信如巫術、占卜與星象學等的流行和他們三人並沒有什麼直接關係，這些異教迷信是隨著亞歷山大大帝東征而從巴比倫、波斯或埃及等地傳回希臘，並且逐漸散佈開來；但是，無庸置疑的是，他們三人的哲學中含藏著有神論以及某些可以被宗教神學轉化、加工、利用的理論，從而替未來結合絕對完美精神、倫理道德生活和神學目的論的高級宗教的出現，創造了思想精神條件。

　　古希臘哲人們替西方建立了深厚的理性傳統，但是，一些理論諸如「活著時有靈魂，死後肉體雖腐朽，靈魂卻永恆不朽地存在」、「思想概念構成的唯心世界能夠離開頭腦而客觀獨立永恆地自存」（參見第二章第三節的唯實論）以及「宇宙一切並不是毫無意義的盲動和虛無，而是具有高度的目的性」等都是毫無根據的、非理性力量所暗中主導的「理性的虛構」，卻被大哲們如蘇格拉底、柏拉圖、亞里斯多德或普拉提諾等所倡導和信仰。這是因為死亡、腐朽、虛無是人類共同的焦慮和恐懼，征服死亡、腐朽、虛無是人類共同的渴望，由此產生了對於不朽的靈魂、永恆的唯心世界（客觀精神）以及有目的性的宇宙的想像和信仰；大哲們代表的是人類這種最強大的非理性的力量對於理性的征服。這種征服也正是後來的基督教信仰得以統治西方千年的主要原因。

註釋

1　爲了便於對世界本體作陳述，我們使用唯物論（在當代已被「物理主義」繼承與替換）和唯心論等近代才出現的名詞。

2　如果沒有創造出「靈魂」這個概念，則西方許多的哲學理論和宗教教義都難以發展。正是：「西方哲學無論是本體論、知識論還是政治倫理學說，無論是思辨哲學還是實踐哲學，都離不開靈魂學說。因此，靈魂說是西方哲學的誕生地和祕密，是人性和神性、人論和神論的交匯點。」參見黃頌杰（2006）。靈魂說：西方哲學的誕生地和祕密。學術月刊。**38**，pp.62-68。

3　參見趙林（2009）。西方哲學史講演錄。高等教育出版社。

4　參見 Durant，W.（威爾杜蘭）（1969）。西洋哲學史話（許大成，等譯）。協志工業叢書出版公司。

5、6　參見 Taylor, A. E.（1978）。蘇格拉底傳（許爾樫譯）。志文出版社。

7　同 4。

8　(i)　張炳陽（2005）。黑格爾論蘇格拉底作爲道德哲學家的意義。國立臺北教育大學學報，**18**，pp.1-24。

　　(ii)　李倩（2016）。蘇格拉底之死。法制日報。2016-09-28。https://kknews.cc/zh-tw/news/qrggbo.html

9、10　參見 Nietzsche, F.（尼采）（1970）。悲劇的誕生（劉崎譯）。志文出版社。

11　參見 Nietzsche, F.（尼采）（2007）。權力意志（孫周興譯）。北京：商務印書館。

12　參見 Plato（柏拉圖）（2017）。蘇格拉底的申辯（吳飛譯／疏）。華夏出版社。

13　參見苗力田（主編）（1999）。古希臘哲學（第二編——斐多篇）。七略出版社。

14　同 5。

15　同 3。

16　參見 Russell, B.（羅素）（2005）。西方哲學史（馬元德譯）。左岸文化出版社。

17 同 13（第三編——形而上學）。

18 參見 Laertius, D.（2010）。名哲言行錄（徐開來、溥林譯）。廣西師範大學出版社。

19 同 3。

20 王正勝（2013）。「不懂幾何者莫入」另解。寧夏大學學報（人文社會科學版），**35**，pp.138-142。

21 同 3。

22 同 16。

23 同 4。

24 同 13（第二編——國家篇）。

25 參見 Popper, K. R.（波普爾）（1999）。開放社會及其敵人（全二冊）（陸衡，等譯）。中國社會科學出版社。

26 同 13（第二編——斐德羅篇）。

27 鄧曉芒（2011）。西方哲學史中的理性主義和非理性主義。現代哲學，**116**，pp.46-48，54。

28、29 同 16。

30 同 13（第三編——大倫理學）pp.221-222。

31 參見 Copleston, F.（1986）。西洋哲學史一（傅佩榮譯）。黎明文化出版社。

32 同 16。

33 參見 Harari, Y. N.（哈拉瑞）（2017）。人類大歷史：從野獸到扮演上帝（林俊宏譯）。天下文化出版社。

34 同 18。

35 同 16。

36 參見 Walbank, F. W. et al. (Edit) (1984). *The Cambridge Ancient History: The Hellenistic World*. V. 7, Part 1 (2nd edition). Cambridge: Cambridge University Press.

37、38 同 16。

第
二
章

神性宰制理性和人性

┃第一節┃ 神本主義、教父哲學、黑暗時代

　　新柏拉圖主義，連同斯多噶學派的禁欲主義、眾生皆兄弟且平等的世界主義以及唾棄現實世界的悲觀主義，都被基督教教父哲學所吸收；教父哲學確立了基督教神學理論，使其成為高級宗教。到了公元五世紀，西羅馬帝國滅亡，歐洲從此進入哲學失落、理性倒退、反理性的基督教信仰掛帥的中世紀，即是佩脫拉克（義，Francesco Petrarca，1304-1374，被譽為文藝復興時期人文主義之父）所貶稱的黑暗時代。

　　基督教的勝利是非理性力量的勝利，更是柏拉圖理念論的勝利。「善」的理念（或者新柏拉圖主義的「太一」）變為人格化的上帝，祂是絕對完美的客觀精神，按照其理念或邏格斯（logos：道、規律、法則）從無中生有創造世界。人類的始祖亞當濫用自由意志，偷吃知識禁果而墮落犯了原罪（original sin），死亡乃是其懲罰。原罪經由精子世代相傳，是故人人生而有罪，理應受永劫之懲罰和折磨，此乃決定論的原罪觀。人類生活於苦難和罪惡之中，無力避免和自救，上帝以其道創造獨子耶穌——即道成肉身，並派遣耶穌降臨於塵世，在十字架上流盡鮮血替人類贖罪，人人即可透過信仰而獲救，得到永恆的生命，此乃死亡之死亡。

　　前述的創世—墮落—救贖的三段式包含在被教父哲學所豐富的神學教義中。該哲學神祕、直觀，用信仰貶抑和排斥理性，在精神上屬於中古哲學。其主張包括如：「基督教神學才是真正的哲學，耶穌才是最偉大的哲學家」（查士丁，Justin Martyr，100-166）、「上帝之子死了，埋葬了，又復活了；正因為其荒謬，所以我才相信。……有信仰就再也無需理性爭辯，有福音書就再也無需哲學探索」（德爾圖良，Quintus Tertullian，160-240）、「哲學是神學的奴婢」（歐利根，

Origen Adamantius，185-254）等，其代表人物爲奧古斯丁（Aurelius Augustine，354-430）。在此必須一提的是，基督教本身雖然極端反理性，認爲知識使人墮落，理性使人邪惡，但是，替其教義奠基的教父哲學卻吸取了希臘理性哲學的許多思想，甚且，教父們也使用理性思辨的方式去論證反理性的信仰高於理性而且應該統治理性，顯示了一種內在的矛盾和荒謬。

| 第二節 | 奧古斯丁 ── 摧殘理性與人性的頭號教父

　　奧古斯丁被封爲恩典博士，是介於古典和中古之間最重要的神學家和（教父）哲學家。他的神學成爲後來基督教教義的基礎，影響了整個東、西方的教會。他早期的思想曾經受到伊壁鳩魯快樂主義和摩尼教（爲諾斯底教派或靈知派的一個主要流派）善惡二元對立鬥爭的本體論的影響。他年輕時候的生活放蕩不羈，追逐享樂，縱情肉慾：17 歲時與一位女子同居，生有一子，30 歲時和那位女子斷絕關係，和他母親所中意的一位年幼少女訂婚；訂婚後卻又另結新歡。他 32 歲時悔悟，33 歲時皈依基督教，此後就終生獨身。他的一生都在和邪惡的慾念鬥爭，被罪惡的意識所困擾[1]。

　　在哲學上，奧古斯丁提出主觀時間論：時間具有相對性，是主觀精神或思維的產物；這是康德的先天直觀形式的時間論以及愛因斯坦（德，1879-1955）的「時間不存在，只是頑固的幻覺」的先驅。又提出「我疑故我在」：若不存在，就不可能懷疑，所以懷疑本身就證明了懷疑者的存在，這比笛卡爾（法，René Descartes，1596-1650）的「我思故我在」早了一千多年。他的認識論爲光照說：一切眞理源於上帝，人因上帝之光照而使理性看到（認識）眞理，似乎是對柏拉

圖日喻的模仿。

在神學上，奧古斯丁主張的創世（道成肉身）、（父、子、靈）三位一體、原罪、救贖、預定（恩典）、世界末日審判等帶有神祕主義色彩的理論，日後都成爲基督教的正統教義。他認爲不信上帝是最大的罪惡；罪惡源自靈魂，而非肉體；這和柏拉圖的主張相反。人類歷史是靈魂和肉體、上帝之城和塵世之城的鬥爭。愛自己、蔑視上帝、追求個人私利和肉體生活的人住在塵世之城；愛上帝、服從上帝、追求愛、服務和靈性生活的人住在上帝之城。在現世，這兩城是混爲一體的，其區別是無形的；但到來世，其區別變爲有形：被上帝預先揀選的得救者和被上帝所遺棄者將被區別開來。在現世，上帝之城由教會代表，國家在宗教事務上必須服從教會。此理論在教權與王權的鬥爭中爲教權提供了根據。

奧古斯丁輕視感官世界，也輕視實用知識，將它們視爲此生的必須和無奈。他認爲靈性世界才是永恆眞實的世界，而看重理論性的沉思冥想；他提出「內在之人」的概念：人應當切斷和外在世界的關聯，不斷地深入自己內心，它是一個無底深淵，意義、眞理和奧祕就駐在其深處；這種思想明顯地帶有普拉提諾及摩尼教的色彩。在道德上，他稱濫用自由意志所產生的道德惡爲罪，肉體的欲望和情感會阻礙精神的進步，要求意志對它們全面控制；性行爲與完美的道德生活衝突對立，人必須禁欲，才可能脫離感官和情色的控制，達到靈魂的清明純淨。這些主張說明了柏拉圖和斯多噶派的思想對他的影響。

奧古斯丁前半生禁不住各種欲望的誘惑而十分縱欲，常自覺陷入對「過錯」本身、「邪惡」本身、「犯罪」本身的追求而迷茫惶惑[2]；後半生嚴格禁欲，在基督教的信仰以及護教的著書立言中找到意義和救贖。在教義和教會戒律的議題上，他的理性思辨是建立在懺悔和護教的非理性激情上。他的一生以非理性和罪惡感爲基調：前半生的情欲非理性被後半生的宗教非理性所取代；但後者極端狂熱。例如，他

的原罪論否定了人性的純潔和人的尊嚴，而且，他認爲原罪令人類喪失了行善的自由意志，而只剩下作惡犯罪的自由意志；又如，他視未受洗的死者，即便是嬰兒，爲撒旦的手足，得下地獄受無窮無盡的折磨等。後來中古教會中的許多凶殘事件，都可以追溯到他這種陰暗的普遍罪惡感和人性本惡的信念 [3]。所以，他可以說是教父哲學家中對於理性和人性摧殘最爲兇狠的人物。

第三節 經院哲學——黑暗時代中理性的潛流

黑暗時代（五至十四世紀）是指甚督教一統歐洲、唯我獨尊的中古時代，在這一千年中，神本主義掛帥，信仰宰制一切，理性瀕臨死亡：世間唯有一本書，即耶經（Bible）[4]，包含著絕對眞理、拯救與光明；一種學問，即神學，賦予人眞正高尙的德行、知識和智慧；現世人生只是短暫的前戲，來世才是永恆生命戲劇眞正的開始；「我死故我在」，人爲了來世而活，爲了死後靈魂不落入永苦的地獄而升往永福的天國而活；現世的學問無異於邪惡、知識等於沉淪、肉體就是罪惡。現世變成所有人的「涕泣之谷」[5]。

中古的社會實行政教合一的封建制度。有貴族（領主）、僧侶、軍人（騎士）、工人、農奴等階級。僧侶擁有極大權力和財富，占有一切文化、教育的工具與機會，在十二至十三世紀甚至占有歐洲三分之一以上的土地 [6]。爲了壓制宗教邪說異端，羅馬教皇格列哥里九世（約 1145-1241）於 1233 年創立宗教法庭（或異端裁判所、宗教裁判所），後遍及德法和西班牙等國。宗教法庭附有地牢及酷刑室，教會擁有一群密探，祕密逮捕和審訊異議者、吉普賽人、猶太人、伊斯蘭教徒、男女巫等，被訴者不准有辯護人，一經判決定罪，不容申

訴，財產即被沒收，並按情節輕重施以放逐、囚禁、拷打、斷指、絞死、斬首、火刑或肢解等[7]；用極端殘酷的肉體懲罰來控制人們的精神生活。

經院哲學（或士林哲學、煩瑣哲學）隨著亞里斯多德哲學十一世紀在西歐的復興而興起，十二至十三世紀達到全盛，十五世紀後逐漸瓦解。不像教父哲學反理性崇柏拉圖，經院哲學重理性崇亞里斯多德：「用理性論證信仰，由信仰尋求理解，不力求理解，是一種懶惰。」（安塞姆，Anselm of Canterbury，1033-1109，經院哲學之父）經院中的課程沿用古希臘的「七藝」，即文法、修辭、邏輯（辯證）、算術、幾何、天文和音樂，足見其對神職人員的雄辯、智力、審美的訓練和教育的重視。但是，經院的「七藝」被基督教僧侶們所改造，其顯著的特點是滲透了神學精神，而深深地打上了宗教的烙印，並沒有體現出應有的智慧和創造力[8]。

經院哲學依舊是一種為基督教神學服務的思辨哲學，只會在理性與信仰中繞圈子，以耶經（Bible）（見註釋4）為絕對權威，對各種教義信條作煩瑣的概念辨析、邏輯論證和辯證推理，其目的是為了證明和加強信仰；其理性僅為幌子，不是為了求真，並無科學精神，其結論不受經驗的檢驗。黑格爾評之：「豬脖子上戴金項鍊。」

經院哲學爭論的一些問題，有關罪惡的如：公開犯罪的惡是否大於祕密犯罪的惡？上帝是正義的嗎？創造了世界上的罪，祂難道沒有責任嗎（神正論）？等等；有關天國、神靈的如：天國裡的玫瑰花有刺嗎？亞當和夏娃有肚臍眼嗎？天使吃些什麼東西？一根針尖上能夠站立多少位天使？當世界末日死人的肉體復活的時候，是青年或是老年？上帝能否製造出自己也舉不起來的石頭？等等。這些問題雖然聽起來很荒唐，但是其對具體細節的追問，卻無意識地損毀了基督教信仰的牆角，開啟了經驗的方向[9]。

經院哲學爭論的兩個焦點問題是：如何用理性證明上帝的存在以

及共相（一般、種屬、理念）和殊相（個別）的關係爲何？後者最早
是由新柏拉圖主義者波菲利（Porphyry，232-304，爲普拉提諾的學
生）所提出，是一個哲學上的本體論和認識論的問題；因爲對於該問
題回答的觀點的不同而可以劃分爲唯實論（實在論）和唯名論兩大
派。基本上，唯實論近於唯心論，代表柏拉圖的觀點，認爲共相是
獨立存在的客觀實體，高於、先於殊相；唯名論近於唯物論，代表亞
里斯多德的觀點，認爲只有殊相是實存，共相並非客觀實存，只能寓
於、後於殊相。因爲唯實論明顯地有利於信仰，所以被基督教視爲正
統觀點。

| 第四節 | 阿奎那 —— 理性神學家、人類中心主義者

　　阿奎那（1225-1274）被封爲天使博士或全能博士，是經院哲學
的代表人物，其思想基礎是亞里斯多德主義，最知名著作爲《神學大
全》。他認爲上帝和人都受理性的支配而且理性高於意志。另外，他
認爲神學高於哲學和一切科學；提倡理性神學（自然神學）：上帝經
由自然給人啓示，因此研究自然物就是研究上帝；人應該設法用理性
和研究自然所得到的經驗證據，去證明上帝的存在。羅素評之：「阿
奎那，儘管並非出於他的本意，卻無意中鋪平了從柏拉圖主義的迷夢
轉入科學觀察的道路。」[10] 阿奎那提出五路證明：四個屬宇宙論，一
個屬目的論；前者從第一個不動的推動者、第一因、絕對必然的存
在、最高級最完美的存在等四路，後者從萬物充滿了目的性這一路而
追溯出上帝的存在。他的四個宇宙論的全部論證都依據「沒有首項的
序列（sequence）是不可能的」這樣一個假設，這種不可能性是不存
在的[11]。歸根究底，他是用上帝存在的假設（信仰）去證明上帝存

在；所以，他的論證是完全無效的，而落入了十八世紀康德所說的誤用知性而產生的先驗幻象中——是一種誤用知性範疇於超出經驗之外的理念如上帝、宇宙等而產生的認識上的謬誤。至於共相問題，他屬於溫和唯實論，認為在創世前、創世後和認識過程中，共相可分別先於、寓於和後於殊相，辯證地統一了唯實論和唯名論 [12]。

阿奎那主張宇宙是一個等級森嚴的體系，高等者統治低等者，低等者服務於高等者；又把亞里斯多德─托勒密的地心說略加改造而成為基督教神學的宇宙論：上帝按自己形象造人，把人放在宇宙中心，使所有天體圍繞人所在的地球運轉；這是被基督教視為正統的地球中心說和人類中心主義的由來。另外，他主張耶穌把人死後永福永生的管理權交托給教會，所以教會權力高於世俗權力、君王應該受教皇支配；這種教權至上論強化了奧古斯丁關於教權與王權的理論。

雖然經院哲學的本意只是用理性為信仰塗脂抹粉，但是因為其強調邏輯和辯證法，所以無意中反倒默認了理性的優勢和抬高了哲學的地位，使理性的潛流得以在信仰的磐石下涓涓而流，漸漸地復甦了隨希臘哲學一起衰落的理性精神，從而於幾百年後引出了理性主義和啟蒙運動等。

註釋

1、2　參見 Augustine, A.（奧古斯丁）(1969)。懺悔錄（應楓譯）。光啟出版社。

3　參見 Russell, B.（羅素）(2005)。西方哲學史（馬元德譯）。左岸文化出版社。

4　筆者以為 Bible（原意為「書」）僅屬基督教一教之經，將之譯為「聖經」並不妥，乃是對於西方帝國主義宗教信仰的美化吹捧。雖然 Bible 包含了律法時代的舊約和恩典時代的新約兩部分，但是基督教信仰耶穌是上帝之子也是救世主（即基督〔Christ〕或彌賽亞〔Messiah〕），而且以新約教

義——包含耶穌及其門徒們的言論行誼等——爲主。因此，似乎稱基督教的 Bible 爲「基督經」或「耶穌經」，簡稱「基經」或「耶經」，較妥。

5、6、7 參見 Van Loon, H. W.（房龍）（1972）。人類的故事（吳奚眞譯）。協志工業叢書出版公司。

8 楊明全（2015）。七藝考略：西方古典課程的傳統與流變。全球教育展望，**44**，pp.12-21。

9 參見趙林（2009）。西方哲學史講演錄。高等教育出版社。

10、11 同 3。

12 同 9。

第 三 章

人性和理性的曙光

| 第一節 | 理性與宗教信仰的分離 —— 方濟各修會三傑

　　在中古晚期（十三至十四世紀），方濟各（St. Franscis）修會出現了三位來自英國的傑出經院哲學家：羅傑‧培根（Roger Bacon, 1214-1294）、鄧斯‧司克脫（John Duns Scotus, 1265-1308）和奧康（William of Ockham, 1285-1349）。三人都是唯名論及經驗主義者，反對阿奎那用理性論證信仰，主張嚴格區分開哲學與神學；其初衷雖是為了維護信仰，客觀上卻削弱了信仰，從而創造了哲學擺脫神學、理性擺脫信仰的條件。他們從內部撼動了基督教信仰的堡壘，使得理性得以從天國重返人間。

一、鄧斯‧司克脫 —— 唯意志論和白板論

　　鄧斯‧司克脫是唯意志論者，認為人有自由意志而且意志高於理性，主張「上帝的意志是任意的，祂不講道理，因為祂本身就是道理」和「理智像一塊白板，在理智中的無一不是先出現在感覺中」等，是洛克白板論的先驅。

二、奧康 —— 思維經濟原則或奧康剃刀

　　奧康因為被指控為異端而曾經在法國被囚禁四年，後來逃至德國，據聞他曾經對庇護他的德皇路易說：「你用你的劍保護我，我用我的筆保護你」，真可謂豪氣干雲！他主張「唯獨信仰」、「上帝存在是無法證明的」、「能夠以較少者完成的事物若以較多者去做即是徒勞」（即「如非必要，勿增假設、概念和實體」—— 稱為思維經濟原則

或者奧康剃刀）和「從認識個體出發」（個體性原則）等，啓發了日
後馬丁‧路德的宗教改革以及近代的民主化運動 [1]。

三、羅傑‧培根——吹響文藝復興的號角

羅傑‧培根十分博學而自負；在所有的學問中，他最重視數學和
實驗科學。在他的時代，科學與煉金術甚至妖術或魔法混爲一談，他
因而屢遭迫害，在 1257 年起被教會監禁了約十一年。他視數學爲眾
科學研究之基本方法，爲確實性的唯一源泉。他注重資料的蒐集而大
力提倡觀察和實驗，認爲思想只應該輔助觀察，一小時的實際觀察勝
過讀十年亞里斯多德的作品；他重視實驗超過演繹論證，認爲實踐是
理論眞假的試金石，煩瑣晦澀的神學證明毫無意義，應該用科學實驗
取代神學而成爲科學的主人。他這種思想遠超過他的時代，在當時甚
少影響，但後世卻視他爲近代實驗科學和經驗哲學的鼻祖。

羅傑‧培根猛烈抨擊僧侶的愚昧無知、教會和封建王侯的腐敗墮
落，以及隨之而來的世俗的普遍墮落。他認爲愚昧有四因：謬誤的權
威、習慣的影響、流行的偏見、隱蔽的無知（用驕妄虛誇的智慧掩飾
無知）；人間最大的危險是愚昧，它帶來了所有的罪惡，幸福取決於
消除愚昧。他於 1278 年起又被教會以標新立異的罪名下獄十四年，
出獄後旋即去世。對於這艱苦的一生，他自己有這樣的記載：「我相
信人類必定會接受我以生命換取得來的原則作爲公理——這原則乃是
我們有權利作出查考。這就是自由的人的教條。這代表著人們有機會
去作出嘗試、有權利去犯錯以及有勇氣去嘗試新的事物。作爲人類靈
魂的科學家，我們將要作實驗，並且永遠地實驗下去。」[2] 他爲了堅
持眞理而飽受磨難，但是他的思想言論卻動搖了基督教神學的地基，
吹響了文藝復興的號角。

｜第二節｜ 感性與信仰的分離 —— 文藝復興、人文主義

　　文藝復興主要發生於中世紀末（十四至十六世紀）的西南歐包括義大利、西班牙、英國、法國等。它解放了人的精神，在心理上將神和人主客易位。人不是上帝的罪人，也不是教會的奴僕；人的自由意志是人的最高尊嚴，人要運用理智自由地發現自己和世界，衝破中古飄渺的唯靈主義、天國主義及虛偽的道德體系的樊籬，大膽追逐現世享樂，滿足欲望，謳歌生活、兩性歡愉、自然和美；宣揚「我是人，人所具有的我都具有」的人文主義信念，設法在現世紅塵建立樂園，從而開始了人離開神返回人，追求充分地個性解放、自我伸張的近代世俗化文明。

　　文藝復興力圖恢復古希臘羅馬文化和對柏拉圖的研究，用古代權威去摧毀僵化的經院神學體系權威。方濟各會三傑分離了理性與信仰，文藝復興又分離了感性與信仰，使人性終得自由地從天國重返人間，因而文藝復興為中古到近代的分水嶺。文藝復興帶來了一個表現個人的黃金時代，知識分子對於各種新事物充滿了好奇和探索的興趣；但是，文藝復興基本上是感性運動，感性放縱，以文學藝術為主，在政治經濟上沒有太大的影響，在哲學上沒有獨創性的建樹，而科學也只占了無足輕重、微不足道的地位；整體說來，理性水準不高；這和人們聽厭了經院神學的煩瑣辯論，失去了對理性論證的興趣有關[3]。當時的人文主義追求的是人的覺醒和復蘇，強調重新認識人的價值和尊嚴，人要努力成為完全、完整和完美的人，即多才多藝全面發展的人，充滿了浪漫的理想主義色彩。

　　文藝復興的人文主義文學家包括：早中期如義大利的但丁（Dante Alighieri，1265-1321，《神曲》）、佩脫拉克、薄伽丘（Giovanni

Boccaccio，1313-1375，《十日談》）、荷蘭的伊拉斯莫（Desiderius Erasmus，1466-1536，《愚人頌》）和法國的拉伯雷（François Rabelais，約 1483-1553，《巨人傳》）等；他們對於教士的汙穢貪婪、荒淫欺騙偽善、該下煉（地）獄等多所描述（例如，但丁指責教皇「日夜在那裡以基督的名義做買賣」，是「披著牧羊人衣服的貪婪的豺狼」；佩脫拉克把教廷稱作「惡毒的寺院」、「謬誤的學校」、「謊言的熔爐」與「陰謀的牢獄」；曾經於少年時期在修道院接受教育的伊拉斯莫甚至指控「許多女修道院與公共妓院無甚差異」[4]）；中晚期如義大利的馬基維利（Niccolò Machiavelli，1469-1527，《君王論》）、法國的蒙田（Michel de Montaigne, 1533-1592）、西班牙的塞萬提斯（Miguel de Cervantes Saavedra，1547-1616，《唐吉訶德》）、英國的湯瑪斯・摩爾和莎士比亞（William Shakespeare, 1564-1616）等；藝術家包括義大利的達文西（Leonardo de Vinci，1452-1519，在科學上亦多發明）、米開朗基羅（Michelangelo Buonarroti, 1475-1564）、拉斐爾（Raphael Sanzio, 1483-1520）等；他們的作品在人物表達上，已經不復中古虔誠、純淨、聖潔的風格，而是彰顯出強烈真實的生命力、欲望、肉體美（米氏作品）或是暗藏著神祕的勾引（達氏：蒙娜麗莎）等；科學家包括晚期波蘭的教士哥白尼（Nicolaus Copernicus, 1473-1543）；他於 1543 年臨死前發表了天體運行論，其中的日心說或地動說引發了近代的科學革命。

第三節 信仰的變革 —— 宗教改革、理神論、泛神論

　　基督教宗教改革主要發生於十六世紀的西北歐包括德、英、法和瑞士等國；其發生的重要背景是：(1) 羅馬教會及教士玷汙信仰、表

裡不一、貪財奢侈、恣意濫權，如：標榜童貞獨身暗中卻嫖妓養情人[5]；鬻賣神職、墓地、聖徒遺物和贖罪券；對異己者藉宗教法庭用黑暗殘暴的方式加以迫害處死、趕盡殺絕等；(2) 文藝復興所復興的伊壁鳩魯快樂主義導致南歐人道德放縱，這種返回到古希臘羅馬的異教文明使得虔誠認真的北歐人駭恐[6]，例如，「一個義大利化的英國人，就是魔鬼的化身」是當時英國流行的一句諺語，又如，在莎士比亞筆下的許多壞蛋、惡棍、賭鬼也都是義大利人，就反映了這種駭恐。另外，文藝復興人文主義者的活動需要財富，教皇成為他們的贊助者和保獲者，因此，至少表面上，他們大多數都忠誠於羅馬教會，沒有和教會絕裂和宣戰的勇氣，這是長於感性的文藝人的典型兩面性。

一、宗教改革 —— 信仰的個人化和純淨化

　　十六世紀基督教宗教改革的第一個宣戰者是粗獷的德國人馬丁·路德（Martin Luther, 1483-1546）、隨後有英國國王亨利八世（Henry VIII, 1491-1547）和瑞士的喀爾文（John Calvin, 1509-1564）等；分別成立了新教的路德宗（信義會）、安立甘宗（聖公會）和喀爾文宗（長老會）等。

　　宗教改革摧毀了羅馬教皇和教廷的至高權威和統治，瓦解了基督教世界的統一性，肯定了精神自由和信仰的個人化，克服了基督教靈魂與肉體、天國與人間、理想與現實的二元對立，以及因此而來的虛假信仰與偽善道德[7]，將平凡的世俗生活和古代基督教的純正信仰及道德理想結合起來。甚且，宗教改革更促進了一些新趨勢的發展包括思想上的主觀主義、宗教上的神祕主義和政治上的無政府主義等[8]。

　　馬丁·路德和喀爾文都准許教士婚娶，但後者更推崇禁欲。馬丁·路德注重內在的修為，不注重外在的善功，反對羅馬教會的因善

功稱義，而高揚奧古斯丁的「因信稱義」，宣稱：「唯信、唯經、唯恩」、世俗的自由和幸福皆爲虛假——只有投身於信仰才能達到真正自由。他將耶經（Bible）（見第二章註釋4）翻譯成德語，使德語系的每個人都可以和上帝直接溝通而自爲教士；促進了日後個人主義的發展。喀爾文的主張和路德的有類似之處，但他更強調唯恩的「預定說」，認爲嚴謹的道德生活、不斷的進取和事業的成功乃是被上帝預定揀選者的標誌；提高了工作倫理和動力，促進了日後資本主義的發展[9]。安立甘宗是英國國教，國王爲其最高首腦，教會幾乎唯政府是從；促進了日後民族國家的興起。所以宗教改革意外地導致了歐洲政治經濟的發展和現代化。

但是，馬丁·路德和喀爾文都是老派而保守的信仰專制主義者，沒有平等和寬容的精神；他們用信仰否定經驗理性，對異己者或科學思想者趕盡殺絕，例如，他們兩人皆惡毒地咒罵哥白尼，稱他爲星相術士、蠢材等；又如，馬丁·路德在 1522 年公開宣稱：「我不允許任何人批判我的主張，即使是天使。凡是不接受我的主張者就不能得救」，其霸道甚至超過了教皇們；再如，喀爾文用火刑處死了發現肺循環但是反對基督教三位一體學說的西班牙醫生兼神學家塞爾維特（Miguel Servet, 1511-1553），又野蠻地迫害了提倡宗教寬容和自由的法國神學家卡斯特利奧（Sebastian Castellio，1515-1563，曾任日內瓦神學院院長），逼使其在貧病交迫中死去[10]。所以宗教改革的基本氛圍仍是前現代、排他、非理性和殘酷的。

十六世紀是信仰主義的世紀，也是科學和哲學的不毛世紀[11]。尼采評馬丁·路德：「文藝復興直截攻擊基督教的要害和中心，把高貴的價值置於羅馬這個垂死教會所在地的寶座之上，是生命的勝利！是對一切高尚的、美好的、大膽的事物的偉大肯定！可是一個德國和尚馬丁·路德到達羅馬。這個和尚，在他體內充滿著一種破落教士的怨恨的本能，反對文藝復興，他不了解在此地所發生的巨大事件的意

義。……這些德國人破壞了文藝復興，使文藝復興變成一件最大徒勞無益的事件，他們都是我的敵人。」[12] 馬克思評宗教改革：「破除了對權威的信仰，因為樹立了信仰的權威；將僧侶變成世俗人，因為將世俗人變成了僧侶；將人從外在宗教虔誠中解放出來，因為將宗教虔誠變成了內在世界；把肉體從鎖鏈中解放出來，因為替人的心靈套上了鎖鏈。」

十七世紀上半葉遍及全歐洲的三十年戰爭，是基督新教集團和舊教集團之間的新仇舊恨的總清算，兩大極端反理性的信仰勢力，結合了政治勢力，用最非理性的手段——戰爭，讓歐洲，尤其德國境內，屍橫遍野血流成河。當戰爭結束時，在兩敗俱傷的殘喘下，在死亡籠罩的廢墟上，卻綻放出作為理性之花的寬容精神：新教和舊教都終於放棄了統一教義這個中世紀的迷夢。這種新的寬容精神可以用來遙祭無數因為宗教迫害而慘死的男女——其中包括被火刑燒死的胡斯（捷，Jan Hus，1371-1415，曾任布拉格查爾斯大學校長）、塞爾維特和布魯諾（義，Giordano Bruno，1548-1600，哲學家和自由思想家）等幾位著名的異議分子；更重要的是，它提供了西方現代化（自由、民主、科學）所不可缺少的精神厚度。

二、理神論、泛神論

十七世紀上半葉理神論（或自然神論，Deism）出現，延伸了中世紀基督教的理性神學（或自然神學）的基本精神，要去除宗教中的非理性反理性成分，將宗教僅僅建立在理性之上。自然神論以理性和道德為核心：(1) 道德是首要的——人必須要棄惡揚善、有愛心、誠實、品行端正等；(2) 上帝存在，其本質是理性和智慧。上帝依照理性法則創造世界後就再也不干預世界，一切事物都按照客觀存在的自然規律進行，並沒有任何超自然的神蹟、預言或天啓能夠將之破壞。

因此，自然神論用理性的權威取代了耶經（Bible）（見第二章註釋4）
的權威，將上帝趕出了自然界，使得科學和哲學的認識能夠獨立進
行，絲毫不受上帝意志的任何干擾。自然神論「用自然來蠶食上帝，
用理性來限制信仰，透過剝奪上帝的具體內容而使其成為一個抽象的
符號、成為虛無」[13]。

斯賓諾沙（荷，1632-1677）超越了自然神論，更進一步地主張
泛神論（Pantheism）：神即自然，神和自然是不能區分的，神存在於
自然之內而非自然之外，並沒有另一個超自然的人格神；世界上的一
切事物都是神的一部分，在本質上都是神的不同的樣式、模態或變
相，無限的宇宙整體即是神的存在本身。這和十八世紀只要自然不要
神的無神論（Atheism）僅有一步之遙。

註釋

1 參見鄧曉芒、趙林（2006）。西方哲學史。高等教育出版社。

2 錫安日報（2004-02-14）。其他：科學逼害——羅傑‧培根（Roger
   Bacon）。https://www.ziondaily.com/2.0/web/daily_life wisdom_08c/view.
   php？id=298#top

3 參見趙林（2009）。西方哲學史講演錄。高等教育出版社。

4 參見雷恆軍（2006）。覺醒的世紀：十六世紀西方政治思想的宏觀考察。
   西安：西北大學出版社。

5 參見 Fox, E.（2000）。歐洲風化史：文藝復興時代（侯煥閎，等譯）。遼寧
   教育出版社。

6 參見 Van Loon, H. W.（房龍）（1972）。人類的故事（吳奚真譯）。協志工業
   叢書出版公司。

7 同 1。

8 參見 Russell, B.（羅素）（2005）。西方哲學史（馬元德譯）。左岸文化出
   版社。

9　參見 Weber, M.（韋伯）（2008）。新教倫理與資本主義精神（于曉，等譯）。左岸文化出版社。

10　劉曉波（2004）。基督教歷史上的迫害異端。http://minzhuzhongguo.org/filedata/137issue/137.1_pl2.htm

11　同 8。

12　參見 Nietzsche, F.（尼采）（1970）。上帝之死（劉崎譯）。志文出版社。

13　趙林（2004）。英國自然神論初探。世界哲學，No. 5，pp.86-93。

第 四 章

理性的勝利

第一節 科學革命和哲學革命

　　西方現代化的進程開始於十七世紀，它是天才世紀——一個需要天才而天才雲集的世紀。文藝復興及宗教改革使西方從中古過渡到近現代；到了十七世紀上半葉，自然神論的出現又將上帝趕出了自然界，中古的神學和哲學知識體系漸被揚棄，人的任務轉為認識自然及認識人[1]。在十七世紀，這種認識體現為科學革命（包括機率和統計的誕生）和哲學革命。它們標誌著人類理性的偉大勝利。

　　因為文藝復興復興了古希臘學以致知和古羅馬功利技術的傳統，這兩大傳統的結合促成了科學革命的發生。該革命始於哥白尼，經由法蘭西斯・培根、伽利略（義，Galileo Galilei，1564-1642）、刻卜勒（德，Johannes Kepler，1571-1630）、笛卡爾和牛頓（英，Isaac Newton，1642-1727）而完成。除了創科學歸納以及結合儀器、觀察、實驗和數學的新方法外，它最重要的成就在於：天文學上證實了日心說和行星繞日之規律、力學上確立了經典力學的基本原理，以及數學上創建了微積分、解析幾何、機率和統計；另外，它在光學、化學、生理學和生物學方面也都有重要成就。

　　科學革命使得科學澈底脫離了神學和哲學，也帶來了哲學上以唯物論取代統治兩千年的唯心論的新趨向。更重要的是，為了適應十七世紀科學發展的需要、提供科學發展必要的保障和導向[2]，哲學背離了兩千年來以本體論為重心的傳統而轉向以認識論為重心；這稱為哲學革命，是歷史上科學首次左右了哲學的走向，並且使得哲學澈底脫離了神學。

| 第二節 | 機率和統計的誕生 —— 突破神意決定論

在十六至十七世紀，歐洲的中古封建制度結束，商業資本主義盛行：經濟、航運、國際貿易和金融保險業等蓬勃發展、中產階級興起、大城市相繼形成，使得機率和統計為了因應趨於複雜的社會生活的需要而出現在歷史舞臺，成為認識世界的新工具。機率論是因為法國一位貴族迪梅雷（Chevalier de Méré, 1607-1684）詢問有關博奕遊戲中的問題而誕生 —— 這證明了卑小的動機可以造就偉大的事物。機率論的奠基人是法國的巴斯卡（Blaise Pascal, 1623-1662）和費馬（Pierre de Fermat, 1601-1665）；後來由荷蘭的惠更斯（Christiaan Huygens, 1629-1695）、瑞士的伯努利（Jacob Bernoulli, 1654-1705）和法國的棣莫弗（Abraham de Moivre, 1667-1754）等將其發展深化。巴斯卡有名言：「人是會思想的蘆葦」及「正常人也是另一種形式的瘋狂」[3]，並且將機率論應用於解決傳統形而上學問題如：上帝是否真正存在和人信仰上帝與否的四種可能情形的得失問題。機率論研究事物的不確定性，突破了神意決定論的桎梏。統計的奠基人是英國政治算術學派的格朗特（John Graunt, 1620-1674）和配第（William Petty，1623-1687，被馬克思譽為政治經濟學之父）[4,5]。他們深受法蘭西斯‧培根和霍布士（英，Thomas Hobbes，1588-1679，有名言：「所有的宗教都是迷信，所有的道德都是欺騙，所有的人際關係都是豺狼虎豹」）思想的影響，運用大量觀察法以及量化數據的分析和歸納等方法去研究政府事務、社會經濟和人口統計等。格朗特研究出生率和死亡率的變化規律又製作了生命表，將之應用於公共衛生和精算保險等。配第曾經擔任過霍布士的祕書；他開啟了使用量化數據研究社會經濟現象的先河，藉由大量的統計數據對英、法和荷蘭這三

個國家的綜合國力作對比分析，並且廣泛地運用了圖表法、調查法、分群法、平均法和估計法等。他在統計方法學上有著非常重要的、開創性的貢獻。

| 第三節 | 認識論 —— 經驗論和唯理論

認識論關切的是思維與存在、主體與客體、意識與物質的關係如差異性、同一性等問題；亦即，主觀精神如何認識客觀世界以及認識的起源、方法和眞理性等問題。

在十七至十八世紀的歐洲，認識論分爲經驗論和唯理論兩大對立的派系，前者的大本營在英國包括法蘭西斯・培根、霍布士、洛克（John Locke, 1632-1704）、柏克萊（George Berkeley, 1685-1753）、休謨（David Hume, 1711-1776）等；後者在歐洲大陸包括笛卡爾、斯賓諾沙、萊布尼茲（德，Gottfried Wilhelm Leibniz，1646-1716）、沃爾夫（德，Christian Wolff，1679-1754）等。兩派的共同信念爲：主觀認識可以把握客觀存在、從懷疑開始去追求普遍必然的和不斷擴展更新的知識、對付經院哲學以保衛科學、關注現實世界幸福。兩派的相異點，從認識的起源、方法、眞理性和理論困境等比較，爲：

(一) 經驗論

    (i) 知識源自後天經驗；

    (ii) 強調經驗歸納法：從具體到抽象、雜多到一般；

    (iii) 結論不具有普遍必然性，僅爲高或然性知識（如自然科學知識）；

    (iv) 經驗論推到極端導致懷疑論、不可知論（所謂休謨問題或挑戰）。

(二) 唯理論

    (i) 認識從自明的天賦觀念出發；

(ii) 強調理性演繹法：從抽象到具體、一般到雜多；

(iii) 結論具有普遍必然性，但無經驗內容，和經驗無關（如數學知識）；

(iv) 唯理論推到極端導致獨斷論或教條主義（所謂萊布尼茲－沃爾夫體系）。

經驗論過分地貶低了理性的作用而唯理論卻過分地抬高了理性的作用，兩派都是非理性地對待理性；其矛盾和困境直到康德有機地結合了經驗和理性才獲得解決，從而建立了真正的近代知識論的大廈[6]。

▌第四節▌ 法蘭西斯・培根 ── 創經驗論和科學歸納法

在科學革命與哲學革命的時代，許多哲學家也是科學家，反之亦然。

法蘭西斯・培根是經驗論的創始人，也是走向科學新時代的先驅。馬克思稱他為英國唯物主義和整個現代實驗科學的真正始祖。他的哲學是以實用性為基礎。他從懷疑中古知識出發，將容易使人陷入謬誤偏見的假象或壞心理習慣概括為四種：種族（人的固有本性對真相的扭曲）、洞窟（各個人的成見）、市場（受假概念與不當語詞的虐制）和劇場（對公認的權威、原理、體系與傳統的盲目崇拜）。他認為自然界及其規律具有客觀實在性，可以為人認識；規律不依人的主觀意志轉移，上帝亦不可改變之。他雖然讚賞德謨克里特的原子論，但是卻認為世界萬物最小的構成微粒為分子，並提出了熱產生於分子運動的理論。他輕視演繹推理，也輕視數學在科學研究中的重要性；他認為一切知識都源於感覺經驗，強調觀察和實驗，創科學歸納法，視其為獲得知識的唯一方法。他說：「人不能像螞蟻（只會採集材料）

或蜘蛛（只會憑空思辨），應該像蜜蜂（結合經驗和理性，即用理性方法整理感性材料）。」他的歸納法恰可用蜜蜂作比擬。他主張「歷史使人明智，詩詞使人靈秀，數學使人周密，自然哲學（物理學）使人深刻，倫理學使人莊重，邏輯修辭學使人善辯；凡有所學，皆成性格」、「人要會甜也要會辣」和概括時代精神的「知識即力量」（或「科學即力量」）等[7]。這種學以致用、功利主義的時代精神，促成了科學發展和物質財富湧現，但也造成拷打、征服、控制自然的父權精神的極度昂揚。最後，在風雪中，他把一隻雞的肚子裡塞滿了雪做冷凍實驗，卻受寒而死。

法蘭西斯・培根雖然是為了做科學實驗而死，但是，弔詭的是，他似乎對於他那個時代的一些重要的科學大突破並不熱衷甚至忽略，對於理性也不是很堅持，而擁護十三世紀即有的理性真理和啟示真理並存的二元真理觀。羅素評之：「培根低估了數學和演繹法的重要性，他的歸納法對假說不夠重視，以致帶有缺點。他認為僅把觀察資料加以系統整理，正確假說即會顯現。另外，他否認哥白尼和刻卜勒的天文學說，對於他的私人醫生哈維（英，William Harvey，1578-1657，血液循環發現者）的工作也似乎茫然不知。」哈維也不很高看培根，批評：「他像個大法官似地寫哲學。」[8]因此，培根雖然帶頭突破了舊時代的藩籬，卻無法完全擺脫其束縛，在理性和科學的外衣下仍舊藏著舊時代的非理性的信仰和情感；所以，他雖然十分重要，卻仍舊只是一位典型的在新舊交替時代的過渡人物。

▎第五節 ▎伽利略和刻卜勒 —— 將自然數學化和音樂化

伽利略促成了科學從哲學與宗教中分離，被視為近代科學之父。

他將自然數學化而建立了近代科學方法論：人得閱讀自然這本大書，以求發現自然之奧祕，自然之書的語言爲數學，因此人必須將儀器、觀察、實驗和數學結合起來，並且用數學的語言描述自然；他又發現了鐘擺定律、慣性定律、拋物體運動定律等，並且傳聞曾在比薩斜塔用實驗證明了他的自由落體定律，推翻了被相信兩千年的亞里斯多德重者先落地的錯誤理論；他更改良了望遠鏡，發現了木星衛星、太陽黑子、月球山谷，以及銀河是由億萬恆星組成等，從而推倒了中古一切的知識架構。他因爲捍衛哥白尼的地動說，被宗教法庭判爲有強烈異端嫌疑，而遭軟禁終生。

刻卜勒被稱爲天體的立法者。他研究巴哈（德，Johann Sebastian Bach，1685-1750）前之古樂曲 [9]，想要尋找行星運行中之和諧性和音樂性。他利用了天文學家第谷·布拉赫（丹麥，Tycho Brahe，1546-1601）死後留下的大量的天體觀測資料，經過非常多次的嘗試和錯誤以及精密的計算，成功地歸納出太陽系行星運動的三大定律。第一定律稱爲橢圓定律（發表於 1609 年）：任一行星繞太陽公轉的軌道都是橢圓形，太陽位於其中的一個焦點上；第二定律稱爲等面積定律或角動量守恆定律（發表於 1609 年）：任一行星和太陽的連線，在相等的時間間隔內掃出相等的面積；第三定律稱爲和諧定律（發表於 1619 年）：所有行星的「軌道平均半徑的立方」[10] 和其「公轉週期的平方」的比值均相等（爲一常數）。刻卜勒沒有能夠用嚴謹的數學證明這三大定律，羅素說：「刻卜勒是說明人假若沒有多大天才，憑毅力能達到什麼成就的一個最顯著的實例。」[11]

刻卜勒曾經受奧地利政府委託重新校正曆法。對於皇帝與神棍使用曆法的訂定作爲欺騙人民、恐嚇百姓的謀利工具，刻卜勒理性而勇敢地予以批判：「天文是在表達事實，不在預測命運。……星球不會讓強者更強，也不會讓弱者更弱，星球不會去滿足人的欲望，也不會

使人倒霉。星球是物質，人是生命；物質與生命無關，星球的運轉與人的命運無關。」[12] 這真是一段擲地有聲的文字！是破除占星術中的迷信成分的一段代表性文字！

由於宗教迫害、戰亂連連、貧困與病魔加身，刻卜勒的一生受盡了折磨。在 1630 年 11 月 15 日，他因為疲勞與飢餓而臥倒在路旁，在雪雨交加之中慘死於德國境內的雷根斯堡，享年 59 歲。刻卜勒被安葬於雷根斯堡當地的一個小教堂，該教堂於三十年戰爭中被毀，他因而落得屍骨無存。但是，他自撰的墓誌銘卻被保留了下來：

> I measured the skies（生前我丈量天空），
> Now the shadows I measure（如今我度量幽冥）；
> Skybound was the mind（生前我心橫天際），
> Earthbound the body rests（死後此身棲於地）[13]。

這墓誌銘充分地顯示了刻卜勒生前的豪情、壯志和狂氣！它必將千古流傳！

▌第六節 ▌ 笛卡爾 —— 唯理論創始人、主體性的喚醒者

笛卡爾是唯理論的創始人，被稱為近代哲學之父。他的哲學起自普遍懷疑：一切被信以為真的事物包括陳舊知識（如人們的思想、格言等）、客觀世界的存在、自我身體的存在以及邏輯和數學等都可能是假的，都可以懷疑；但有一事卻無法懷疑，即是我正在懷疑、正在思想，因此而得出「我思故我在」，作為他哲學的第一原理。以自我思想作為世界中心是他認識論的核心：思想比物質確實，而對我

來講，我的思想又比旁人的確實。因此，笛氏的一切哲學全有主觀主
義，即思想上的個人主義的傾向 14，促成了被基督教異化的自我意識
和主體性在近代的覺醒。笛卡爾以自明的天賦觀念（如數學公理、邏
輯規則、上帝存在等）作為知識的來源和前提，將清晰明白作為判斷
眞假的標準，用化繁爲簡的化約法（或還原法）處理難題，循由簡到
繁的程序作演繹推理等，創建了唯理論的方法學。他的化約主義影響
日後知識的發展甚巨。他的本體論爲心物二元論，即思維與存在、主
體與客體的二元論：物質唯一屬性是廣延，依自然規律發展；心靈是
不朽的，其唯一屬性是思維（其作用包括懷疑、理解、設想、肯定、
否定、意向、構想等），依自由意志作推理；心與物兩種實體彼此獨
立，互不干涉；造成心理與生理、主體與客體的分離對立。但他後來
卻又以身心交感說（交感於松果腺）解釋人的身體與心靈的互動感應
和協調一致性，前後自相矛盾。他是機械論者，認爲物質世界包括活
有機體和死物等，具有客觀實在性而且受自然規律嚴格地支配和決
定；動物無心，爲自動機器，人有別於動物在於人具有理性靈魂。在
天體起源上，他提出了具有發展性的漩渦論的假說；在數學上，他發
明了解析幾何，結合了形和數，解決了從古希臘畢達哥拉斯以來形和
數分離的難題；也替日後微積分的創建奠下了基礎。

笛卡爾懦弱膽小，爲了怕被斥爲異端，他一貫地阿諛教士，尤其
奉承由羅耀拉（西班牙，Ignacio de Loyola，1491-1556）所創立的
耶穌會的會員 15；這是由於笛卡爾曾經在耶穌會設立的學校中習得數
學知識，清楚地知道耶穌會的特色：重廉潔、守清貧、要知識、辦教
育，並以絕對服從教皇、具軍隊般紀律以及殘酷對待異端而著稱 16。
唯物論者伽桑迪（法，Pierre Gassendi，1592-1655）批判笛卡爾的
「普遍懷疑一切」只是裝腔作勢、故弄玄虛，並不誠實，任何眞誠的
哲學家都會承認客觀物質世界的存在；而且，在他「清晰明白作爲
判斷眞假的標準」的主張中，「清晰明白的標準」本身就不清晰明白

[17]。甚且，笛卡爾矯揉造作地把一切懷疑掉以後，卻又裝模作樣地用完全無效的本體論證明去證明上帝的存在[18]，也就是把上帝搬出來以保證「我思」以外的曾經被懷疑掉的世界的存在；一方面拯救了他的「我思」哲學走不出孤獨又狹隘的自我的困境，一方面也等於向教會保證他信仰上帝而且願意以經院哲學家的姿態為之辯護。黑格爾說：「上帝是個大陰溝，人將不能解決的問題都丟進這陰溝中」[19]，就是諷刺笛卡爾（以及柏克萊、萊布尼茲等西方哲學家）遇到理論困境，無計可施，只會搬出上帝而遁走。總之，笛卡爾，類似於法蘭西斯·培根，是個既新又舊的人物，既揮動理性和科學的大旗又持守非理性的信仰和感情；既在思想上勇敢革命又在行為上懦弱虛假。

最後，從理性發展史看，近代哲學肇始於法蘭西斯·培根和笛卡爾，黑格爾讚之：「他們兩人讓我們在驚濤駭浪中看到了陸地」，是對這兩位分別是經驗論和唯理論的創始人的最高肯定。

┃第七節┃ 牛頓──近代科學領航者、史上最後的巫師

近代科學革命完成於牛頓。他的成就震古鑠今，被視為近代科學的化身。在力學上，他使用數學方法確立了經典力學的基本規律即運動三大定律和萬有引力定律，證明了哥白尼的日心說和刻卜勒的行星繞日定律，並且推翻了亞里斯多德劃分月上和月下的宇宙觀；在光學上，他提出光的粒子說並證實了白光是由七種彩色光所組成，又發明了反射望遠鏡；在數學上，他和萊布尼茲各自獨立地發明了微積分。他將世界分為絕對空間、絕對時間和物質，三者完全獨立，空間是不動的空容器；時間平穩均勻地流過空間；物質由不可分割的微粒組成，其在空間中的運動是由引力所促成而以時間來描述。類似笛

卡爾，他反對上帝目的論而採取機械論的世界觀：世界爲完美機器，受數學和力學定律支配，循嚴格的決定因果律而運行；但世界機器起初是靠上帝的第一推動才開始運轉。「他後半生欲證明上帝之存在，卻以失敗告終。」[20] 他的墓誌銘總結了他的一生：「天體的運行，彗星的軌跡，乃至潮水的漲落，皆因其近乎神聖的心靈，而首次展現。」[21] 但是，到了二十世紀，大量牛頓生前祕而不宣的關於神祕事物如魔法、煉金術的研究手稿被發現，導致經濟學家凱因斯（英，John Maynard Keynes，1883-1946）說：「牛頓一足替現代科學開路，另一足卻立於中古」和「牛頓並非理性時代的領航者，而是史上最後一位巫師」。

註釋

1　參見苗力田、李毓章（主編）（2015）。西方哲學史新編（修訂本）。人民出版社。

2　參見趙敦華（2002）。西方哲學簡史。五南出版社。

3　參見 Pascal, B.（巴斯卡）（1993）。沉思錄（孟祥森譯）。水牛出版社。

4　參見 Lancaster, H. O. (2006). History of statistics. In *Encyclopedia of Statistical Sciences*. John Wiley & Sons Inc.

5　陳立功（2017）。作爲認知方法論的統計學的歷史和現狀。https://www.youtube.com/watch?v=vnwhUNdonBE

6　參見趙林（2009）。西方哲學史講演錄。高等教育出版社。

7　參見 Bacon, F.（法蘭西斯・培根）（1999）。培根論文集。祥一出版社。

8　參見 Russell, B.（羅素）（2005）。西方哲學史（馬元德譯）。左岸文化出版社。

9　參見方勵之（1989）。哲學是物理學的工具。新未來出版社。

10　此處的軌道平均半徑基本上是指橢圓的長軸和短軸的算術平均值。

11　同 8。

12 轉載自張文亮（河馬教授的網站）。信心依掛在藍天 —— 刻卜勒與天體運動定律。http://hippo.bse.ntu.edu.tw/~wenlian/history/historyF/historyF-1.htm

13 這是許文郁在其著作〈解讀大自然的語言 —— 談統計方法在科學探索裡所扮演的角色〉（〔2012〕pp.3-30，DNA 搭乘頭等艙：國立清華大學高中學術列車叢書。五南出版社）裡面的中文翻譯。

14、15 同 8。

16 明、清來中國傳教的耶穌會教士如利瑪竇、湯若望、南懷仁、郎世寧等對中西文化的交流發揮了相當的作用。

17 參見 Gassendi, P.（伽桑迪）（1963）。對笛卡爾「沉思」的詰難（龐景仁譯）。商務印書館。

18 笛卡爾模仿經院哲學之父安塞姆的本體論證明，簡述如下：吾人自知不完滿，乃因心中有一完滿之物 —— 即上帝；心中完滿者必定客觀存在，否則在心中即不完滿，故而上帝客觀存在。

19 轉載自 6。

20 趙林（2019）。西方啓蒙思想的歷程。https://www.youtube.com/watch?v=8oJHgijxC6U

21 詩人 Pope, A.（英，1688-1744）亦為牛頓寫了墓誌銘："Nature and nature's laws lay hid in night. God said, "Let Newton be!" and all was light."

第 **五** 章

理性的巔峰和狂妄

｜第一節｜ 啓蒙運動——理性至上、科學主義

　　十八世紀是理性精神和科學主義攜手高歌猛進的時代；啓蒙運動是體現那種時代精神的偉大的思想文化運動，主要發生於英、法和德國等（十九世紀傳到俄國，二十世紀傳到中國而造成五四運動）。它要人類作一場思想的革命和解放，用科學和理性戰勝非理性，驅除迷信、成見、愚昧和無知，衝破封建專制和神學思想的枷鎖。它以自由與平等爲口號、民主與科學爲偶像、敢於求知與敢用理性爲座右銘；主張理性不可被限制，否則會造成非理性的教條，甚至反理性的蒙昧；理性是絕對權威，要將世間一切觀點、制度和外在權威送到理性法庭接受理性的審判，從而掃除欺騙、無恥和罪惡，將世界建成爲美好合理的居住之地。

　　法國啓蒙運動洶湧澎湃，理性的地位達到巔峰，成爲一個新的上帝，思想家們普遍相信歷史進步主義、唯物論、無神論、（精神或身體上的）放蕩主義、機械決定論等，對當時政治、社會、宗教、道德等起了極大的革命作用。德國啓蒙思想家們用深沉的理性思辨闡發啓蒙精神，例如，康德定義啓蒙爲「人要脫離自己加給自己的精神未成年狀態，有能力不需他人指導地使用自己的知性」，又宣言「我們的時代是一個眞正的批判的時代，一切事物都必須要受到批判；只有禁得起理性自由地、公開地檢查的事物，才能贏得理性的尊重」；但是，康德認爲理性本身也要被審判，因而對理性能力提出深入的批判，指出理性的侷限性以及知識的對象、範圍和界限等，它的一個基本目的是要拯救啓蒙理性，使它不致因狂妄、獨斷、放縱而變爲非理性。

　　啓蒙運動學者都非常具有革命性，其代表人物爲英國的洛克、休謨、亞當·史密斯（Adam Smith, 1723-1790）；法國的伏爾泰、盧

梭、孟德斯鳩（Charles de Secondat Montesquieu, 1689-1755）、狄德羅（Denis Diderot，1713-1784，百科全書派領袖）、拉美特利（Juien Offroy de La Mettrie，1709-1751，主張人是機器[1]，靈魂是機器中齒輪的傳動裝置，生病就是機器出了毛病，治病就是修理機器零件，導向日後的醫學的化約主義）、愛爾維修（Claude Adrien Helvétius, 1715-1771）、霍爾巴赫（Baron d'Holbach，1723-1789，有名言：「我和上帝有私仇」[2]）、達朗貝爾（Jean le Rond d'Alembert, 1717-1783）；德國的康德、萊辛（Gotthold Ephraim Lessing, 1729-1781）、席勒（Friedrich von Schiller, 1759-1805）等。

▍第二節 ▍ 洛克——經驗論巨匠、民主自由理論奠基者

　　洛克是經驗論的集大成者、現代民主理論的奠基者和哲學上自由主義的始祖。洛克認為真理難明，一個愛真理的人在主張己見時應當有所保留而抱著幾分懷疑，所以，反權威主義、常帶著試探和嘗試而少獨斷的精神便成為他的特質。在認識論上，他反對笛卡爾的天賦觀念，提出了澈底經驗主義的白板說：人心生來如同空的白板，上面的一切觀念，都源於對外物的感覺和對內心活動的反省這兩種後天經驗；發展了方濟各會鄧斯·司克脫的白板說。在宗教上，他倡導以理性的寬容精神驅除宗教狂熱和迫害。在政治哲學上，他反對君權神授，主張天賦人權和社會契約（或社會原子）論：在自然狀態下，人人如原子，享有自由、平等、生命、安全、財產、追求幸福等天賦權利，無人能剝奪；但是為了抵抗外敵和調和內部予盾，人民理性地將一些權利透過契約的方式交給了政府，而脫離了自然狀態，其目的是更好地保護自身的天賦權利；最高權力若不經本人同意，不得從任何

人取走其財產的任何部分；依據契約的政府，其權力絕不越出公益範圍以外。當政府違背契約，不能保障人民權益時，人民就有權反抗不公不法的政府，甚至用暴力推翻政府。這種洛克式的「革命無罪，造反有理」成為美國獨立戰爭及法國大革命的理論及精神依據。另外，洛克主張權能分立說以及制約與均衡說，提出行政、立法、外交三權分立，後來被孟德斯鳩改良為行政、立法、司法三權分立，成為現代大多數國家所奉行的政治制度。必須一提的是，洛克特別注重財產權，又認為多數人都陷於迷信和激情，而主張公民權利必須限於有財產的男性，婦女和沒有財產的人都應該被排斥在公民權利以外，顯示出他的時代侷限性和階級侷限性。

▌第三節 ▌ 伏爾泰和盧梭 —— 法國啓蒙運動代表人物

一、伏爾泰 —— 十八世紀精神象徵、法國啓蒙運動精神領袖

伏爾泰是法國啓蒙運動的精神領袖，更是十八世紀精神的象徵。被尼采描寫為：「笑獅應該到了，好了，伏爾泰終而到了，他大笑地破壞一切。」[3] 他曾經兩次被關入巴士底監獄，又曾經被放逐而逃到英國，深受洛克和牛頓的影響。他是自由主義者，一生為言論自由而戰，言詞富挑釁而機智；他相信理性，反對基督教和專制政體，主張：「打倒一切卑鄙無賴的事物包括違背理性精神的君主專制和基督教的思想專制」、「迷信和無知造成的狂熱，使各時代一直充滿病態；絕對不要讓有理性的人向那些沒有理性的人低頭屈服」、「理性的真正勝利在於它使我們能夠與非理性的人和諧共處」以及「即使沒有上帝，也要捏造一個上帝出來」等。

二、盧梭——浪漫主義先驅、社會邊緣人、歸返自然提倡者

盧梭一生在長時期中都是一個四處飄泊的窮漢，晚年患上被迫害妄想狂，精神錯亂，被人懷疑是自殺而死。他是啓蒙思想家中的一個異類，認爲科學和藝術的發展既不能促進道德的進步，又使人們失去自由與平等；他反理性而支持激情（passion），主張行動，宣傳革命，強調主權在民、平民主義、公共意志和社會契約論，有名言：「理性是邪惡的」、「人生而自由，卻無往不在桎梏之中。……一個人自認爲是別人的主子，但依舊比別人更是奴隸。……依賴會滋生各種罪惡；正是通過依賴，主人和奴隸才會彼此墮落」和「人要成爲重視個人權利的公民，而非屈從於權力、重視集體和諧的臣民」；他強烈反對特權造成的不平等，要求人人平等，甚至不惜犧牲自由來爭取平等；他嚮往建立一個沒有貧富和等級差別而人人有充分自由的民主共和國。法國大革命時期主導將路易十六（Louis XVI, 1754-1793）和羅蘭夫人（Madame Roland，1754-1793，有名言：「自由自由，多少罪惡假汝之名以行」及「我認識的人愈多，就愈喜歡狗」）送上斷頭臺的最激進的恐怖統治者羅伯斯庇爾（Maximilien Robespierre, 1758-1794）即是他的忠實信徒。盧梭反文字、反文明、反科學、反社會，相信人天生本是善良的卻因種種社會制度而變惡，贊成歸返自然，乃是重本能、激情、審美、善感性的浪漫主義的先驅，被尼采描寫爲：「盧梭充滿熱情與狂想，崇高而不切實，是小資產階級女人崇拜的偶像」[4]；被詩人拜倫（George Gordon Byron, 1788-1824）評爲：「盧梭是在熾情上投下魅惑、由苦惱絞榨出的滔滔雄辯者。……然而他知道怎樣給瘋狂加上美裝，在錯誤的行動思想上塗抹一層絕妙的色調」；被羅素說成：「盧梭欠缺通常道德，有溫情心腸，但是對好朋友卻行爲卑劣。……除了虛榮心之外，沒有任何原則能夠左右他的感情和理智」[5]。

三、伏爾泰和盧梭反目成仇

　　伏爾泰和盧梭因為有關演戲的道德問題和葡萄牙里斯本大地震的神學問題而反目成仇。伏爾泰把盧梭當成一個撥弄是非的瘋子，諷刺盧梭想要恢復野蠻的狂熱：「盧梭的大作使我們渴想過著四條腿的生活。……盧梭摹仿哲學家就像猴子學人一樣。」盧梭把伏爾泰說成是：「除了魔鬼以外什麼人也不信。……那種鼓吹不敬神的喇叭手，那種華麗的天才，那種低級的靈魂。」[6、7]

　　但是當瑞士當局燒毀盧梭的書的時候，伏爾泰卻猛力攻擊瑞士當局，因為他堅持「我反對你的意見，卻誓死擁護你說話的權利」的信念。法國大革命時，路易十六在監禁中有空閱讀伏爾泰和盧梭的書，嘆曰：「伏爾泰和盧梭已經斷送了法國（意指斷送了法國的波旁王朝和君主專制）。」這顯示出哲學家和思想家擁有改變時代的巨大力量。

▎第四節▎康德——理性本身的批判者和拯救者

　　啓蒙運動的思想總結完成於德國古典哲學（或德國唯心論、德國觀念論）。康德為其創始人，後來為費希特、謝林和黑格爾等繼承和發展。康德出生於東普魯士的科尼斯堡（現在屬於俄羅斯的加里寧格勒），終生幾乎都未曾離開過他的家鄉。他的思想深受休謨、盧梭和牛頓等的影響。他唯理的獨斷論的迷夢被休謨的經驗的懷疑論所驚醒；他的知識菁英鄙視無知群眾的偏見被盧梭所糾正，而變為尊重人，將每人的公共權利和尊嚴當作最高價值；他在牛頓力學的基礎上提出星雲假說——通常稱為康德－拉普勒斯（法，Pierre-Simon Laplace，1749-1827）星雲假說，以原始霧狀的星雲因為引力和斥力

的相互作用而產生的漩渦運動去解釋太陽系的起源和演化，這種宇宙自身不斷地運動、發展和演化的理論駁倒了牛頓以上帝為第一推動者的學說。

一、批判哲學的三大批判震古鑠今

康德尊崇理性、人權和自由，宣揚：「人必須要有公開運用自己理性的自由」和「沒有任何事情比人要服從他人的意志更可怕」等。他最關切的根本問題為：人是什麼？分為三個子問題：人能夠知道什麼？人應當做什麼？人可以希望什麼？其回答包括在他的批判哲學的三大批判中，第一批判分析考察人的認識能力，屬於認識論；第二批判人的意志能力，屬於實踐論；第三批判人的情感能力，屬於美學和目的論。簡言之，他的三大批判分析考察從知、意、情到眞、善、美的諸種問題，現分別簡述之：

（一）（第一批判）純粹理性批判 ── 「人的知性為自然界立法」

一切知識皆開始於經驗，但是並非僅來源自經驗，而是由先天的因素與後天的因素共同構成。人的先天認識結構包含時間與空間這兩種感性直觀形式以及自發能動的知性（或悟性）的四層次十二範疇：(1) 量：單一性、多數性、全體性；(2) 質：實在性（reality）、否定性、限制性；(3) 關係：實體性（substance and accident）、因果性、協同性（action and reaction）；(4) 狀態（或模態）：可能性、實存性（existence and nonexistence）、必然性。人受客體（或物自體、自在之物）刺激所產生的後天經驗質料，經由先天認識結構自發能動地加工整理、綜合統一，而構造出現象以及對現象的認識，因為人人都具有相同的先天認識結構（這是康德的大膽假設，永遠無法確證），所

以如此所構造出來的有關現象的規律和法則等知識都屬於先天綜合判斷，亦即，既具普遍必然性又有經驗內容而可以擴展的知識——數學和自然科學知識大多屬於此類；如是調合了唯理論和經驗論，解救了萊布尼茲—沃爾夫的獨斷論和休謨的懷疑論的困境，也舒緩了唯心論和唯物論的矛盾。這是對於傳統認識論的顛倒，從人的觀念要符合客體轉向客體（指其顯現的現象）要符合人的觀念，即符合人的先天認識結構，此乃認識論上的哥白尼式的革命。物自體雖然存在，但是卻不受時間和空間的感性形式支配，無法被知性範疇把握，而永遠不可以為人所知；人認識的對象僅及於後天經驗質料在心中呈現的現象，現象的總和所構成的現象界——即人們所通稱的自然界，就是認識的範圍，人乃是居於其中心的立法者。

　　人的理論理性（或思辨理性、認識能力）包含感性、知性和理性（狹義）三個從低到高的環節，其中最高的理性（狹義）可以輔助知性去獲得最大可能的統一的知識。理性（狹義）具有自發能動的推理能力，對於知性所產生的各種雜亂零散的判斷或命題進行推理，並且加以綜合統一和概括，而獲得最高最完滿的系統知識；理性（狹義）的先天形式是理念，理念具有無限性、完美性和理想性，發揮調節或範導作用，引導知識朝向理想的目標進展。但是，因為理念是理性（狹義）的自我創造，和感性經驗對象無關，它本身無法構成知識，而是設定知性所可能擴展的知識的界限，是知識的界碑。

　　任何運用知性範疇於超出經驗之外的三個理念：靈魂、宇宙和上帝而構成的判斷或命題如靈魂不滅、宇宙無限與上帝存在等，皆屬於不具有客觀有效性的偽知識或先驗幻象，是認識上的謬誤；它們造成了傳統形而上學的三個分支：理性心理學、理性宇宙論以及理性神學中的根本錯誤。對於康德這般無比大膽尖銳、震駭整個基督教世界的理論，德國詩人海涅（Heinrich Heine, 1797-1856）評之：「羅伯斯庇爾只不過斬了路易十六的頭，可是康德卻斬了上帝的頭！並且暗裡推

翻了傳統神學中最可貴的論證。」

（二）（第二批判）實踐理性批判——「人的理性為自己立法」

如前一批判所述，理性在思辨活動中僅居於輔助知性的地位，一旦越位，想指揮知性對於超驗的物自體說三道四，就會產生幻象和謬誤。理性真正的領地是實踐（行）；實踐是有目的性的活動，一切通過自由而可能的事物都是實踐的。康德以本體，即外在的物自體及內在的我自體（或先驗自我、自我主體）的不可知作為起點，將傳統的本體論從認知（思）轉向實踐，認為人透過道德實踐才能夠真正意識到自我主體的自由本質[8]。日常生活中一般實用性活動需要使用理性——稱為實踐理性，它會摻雜感性、經驗和一些非理性因素，並不純粹；純粹的實踐理性排除了所有後天的、感性的、經驗的因素和一切現實的利害、可行性、效果等的考慮，是完全自由的純粹理性。

每人都必須遵從他的純粹理性對於他的實踐活動所頒布的無上、先驗、具有普遍必然性（這又是康德的大膽假設，永遠無法確證）的道德命令，其形式包含：「應當只按照你同時願意也能夠成為普遍規律的準則去行動」、「應當始終把自己和別人（人格中的人性）當作目的，而非手段」與「應當自己立法，自己遵守」，人的自我主體的純粹自由就體現在這種出於內在必然性的意志自律中，所以自由即是自律，是對於自由意志作出規定的自由意志。這是動機主義（或義務論）的道德觀，為道德而道德，為義務而義務，行事不能有任何前提或者目的，更不能出自他律，否則就沒有道德價值。

雖然道德的基礎和先決條件是自由，絕對不需要宗教，但是卻必然引向宗教[9]；這是因為我們希望道德行為的結果是幸福，即在現世中的一切感性欲望和偏好的滿足，所以理想的至善或圓善（依新儒家代表人物之一牟宗三〔1909-1995〕所譯）是德福相配，即道德和幸福一致，但是它在現實生活中多不可能，所以必須設定自由意志、

靈魂不朽和上帝存在這三大「懸設」或「道德公設」，以保證有德者死後的靈魂能夠在懲惡揚善的上帝的國度裡，繼續努力並且公平適度地獲得永福；這是一種建立在道德和理性基礎上的宗教，也就是用宗教空中樓閣般的希望替道德理想服務，用非理性的信仰替實踐理性服務。一切歷史上和現實中存在的宗教的禮儀、經文和信條，如三位一體說、預定說、因信稱義說、神恩說等，如果違背了實踐理性而不利於道德的努力和增進，就應該修正甚至取消。如是，康德在第一批判中把上帝趕出自然世界，卻在第二批判中把上帝又請回道德宗教世界——並且將祂變為道德的守護神。

（三）（第三批判）判斷力批判——「情是溝通知和意的橋梁，美是溝通真和善的中介」

　　本批判的目的是要調和與統一前兩批判中的現象和物自體、經驗和超驗、科學和道德、認識和實踐、必然和自由的對立所造成的人的分裂。這種調和與統一依賴於人的先天情感能力，它透過反思判斷力而表達出來。情感能力是介於認識能力和意志能力之間；反思判斷力是介於知性和理性之間，是一種替具體特殊的感受和事物在自我主體之中尋覓普遍性（主觀普遍性）的能力。反思判斷力及其呈現的情感能力是溝通知性和理性、認識和實踐、科學和道德、必然和自由的中介橋梁，是從自然人向道德人、自由人過渡的先天根據。反思判斷力包含審美（或鑑賞）判斷力和目的論判斷力，其先驗原理為合目的性原理。

　　純粹審美判斷的唯一原理是主觀的無目的的合目的性原理，即是在主觀上因為對於對象的形式感受到和諧與美因而愉悅的目的性，它擺脫一切現實功利的束縛，不牽涉感官欲望、抽象概念和倫理道德，而是直接帶來一種為人人所共有共通、普遍必然而可以傳達的情感上的愉悅。審美鑑賞包含優美（或秀美、柔美）和崇高（或莊嚴、壯

美），前者是因為生命力舒暢自由而產生的一種平和的愉悅感受；後者是因為無限的時空與數量如高山、大海、蒼穹（數學的崇高）及無限的力量如火山、地震、雷電（力學的崇高）等的震懾而產生的一種激動的強烈感受，它始於生命力壓抑的痛苦和謙卑，而，在保持安全距離的前提下，終於因為調動理性去對抗無限、把握無限、超越無限而產生的崇高的愉悅感受；崇高感和道德上的敬重感類似，崇高感可以引向道德情感，所以康德說：「美是道德上的善的象徵」。藝術是一種自由愉快的遊戲，其目的是為了產生美、體現美，其作用是在現實社會裡普遍地傳達審美愉悅；藝術上的天才是大自然偶然的產物，大自然藉由天才及其作品傳達美的理念並替藝術定規則——即「天才為藝術立法」；天才具有獨創性、典範性與自然性——其作品能體現自然，即體現康德所稱的「藝術品是第二自然」[10]，以「為藝術而藝術」的無目的的合目的性，去自由地想像和創造理想的美的作品。

如果將大自然視為一件最偉大的藝術品，人就可以將審美判斷的合目的性原理延伸到自然界，即所謂的自然目的論判斷：人在主觀上可以把整個自然界看成是一個龐大、有內在目的、自行組織的有機體系，其中從無機物到有機物、從低等生命到高等生命的一切存在、變化、發展和機械的因果聯繫都具有合目的性；自然界的最高目的是人和人的文化。沒有人，全部的創造將只是一片野蠻和荒涼，毫無用處和意義；但是，自然界的終極目的並不是自然的、幸福的人，也不是認識的、沉思的人，而是道德的、自由的人；全部自然界在目的論上都從屬於這一個終極目的[11]。

二、道德理想國 —— 義務論的道德狂熱者

康德的三大批判振聾發聵，對於「人是什麼」的解剖，層次分明而透徹，達到「庖丁解牛」的極致境界；他從知意情到真善美的考察

剖析，引領人深入理解自己的思辨理性結構、道德實踐與審美能力等，使人能夠走出作繭自縛的昏暗蒙昧，使人能夠眞正的成爲人。他的哲學是人類思想史上璀璨的明珠，具有至高的價值。謝林說：「朝霞伴隨著康德升起，自由貫徹哲學而始終。」[12] 叔本華（德，Arthur Schopenhauer，1788-1860）說：「康德哲學很可以比作對盲人割治翳障的外科手術。……一個人如果不懂康德，那麼他還算是一個孩子。」[13、14]

　　康德是道德至上主義者，認爲「人的社會文化進步與否的標準是道德」和「一切歷史都是道德史，儘管它充滿了不道德」[15]。另外，他的道德宗教（或道德神學）將上帝變爲道德守護神、審美判斷將美變爲道德上的善的象徵、自然目的論將道德人變爲自然界的終極目的等，都顯示出他對於道德理想的某種非理性（例如他相信人天生有「善良意志」）的執著。康德的道德理想雖然高貴典雅、玉潔冰清——爲了道德而道德的義務論震撼動人、發人深省，具有調節或範導作用——但是卻脫離了人間煙火，難以在現世實現；毫無功利計算、不問效果目的的道德行爲大概只能實現於他夢想中的自由的道德理想國裡。莎士比亞在《哈姆雷特》中說：「人是天地之精華，萬物之靈長」，是人類中心主義，而康德不僅是人類中心主義，更是「道德人」中心主義。康德的墳墓上鑴刻著其名言：「有兩種東西，愈持久凝思，就愈使心靈充滿不斷增長的景仰和敬畏：在上的燦爛星空和內心的道德命令」，將渺小人類的基於純粹理性和自由的道德法則提升到和無垠浩瀚、必然且永恆的宇宙比肩同高，居於同等地位；宣告上帝已然死亡並且猛烈抨擊弱者道德的尼采嘲諷康德是「科尼斯堡的中國人[16]，盧梭式的道德狂熱者」。

| 第五節 | 黑格爾：古典哲學最後騎士

　　黑格爾將德國古典哲學推進到巔峰，也將理性精神發揚到極致，幾乎達到人類理性思維的極限。他主張「理性支配世界」、「人只有在理性當中才自由」以及「精神和言論必須自由」等，將理性和自由的精神貫徹於其哲學之中，維護堅守了啓蒙運動的核心原則。他批判地繼承了康德的主體（主觀）能動性，將康德調和先驗幻象矛盾的消極辯證法轉變爲推動進步和上升的積極辯證法，康德對於思辨理性的知性範疇作靜態的結構的剖析，而黑格爾卻對於知性範疇作動態的、歷史的研究 —— 包括其發生、形成、轉化和推進的辯證運動過程。黑格爾視 (1) 眞理爲整體與過程 [17] —— 任何部分皆非眞理，眞理是抽象簡單到具象豐富、主體客體逐漸統一的過程；(2) 哲學史爲人類認識眞理的歷史過程 —— 是哲學家相互批判、討伐以及哲學範疇從抽象到具象、低級到高級、必然而有序演化的歷史過程；(3) 哲學爲哲學史 —— 研究哲學就是有系統的研究哲學史，反之亦然。他吸收各家之長，將哲學史上所有的哲學體系都變爲自己大體系的一個環節，建立了一個內容空前豐富的、具有歷史過程性和宏觀整體性的哲學大體系。

一、理性化的神祕主義 —— 唯心辯證法

　　羅素說：「在青年時代，黑格爾非常熱衷於神祕主義，他日後的見解，多少可以看成是最初他以爲是神祕洞察的東西的理智化。」[18] 黑格爾可以說是極端理性的神祕主義者，也可以說是極端神祕的理性主義者；但是，他的神祕主義深刻而不淺薄 —— 是精神或心靈的客觀化和神祕化。他的客觀唯心哲學玄奧、複雜、晦澀；下述的絕對精神

的運動變化及其運動變化規律──三段式的唯心辯證法──即是理性和神祕主義的結合，是將不可言說的非理性的因素予以概念化、邏輯化，是「以抽象玄奧的概念形式所表現的思辨神祕主義」[19]。

　　黑格爾將他的客觀唯心論稱作絕對唯心論，主張人類歷史是無限且自由的「絕對精神（或絕對理念）」的不斷運動、發展、實現、認識和返回自身的過程：它從純粹抽象的邏輯範疇的自我推演開始，逐漸外化或異化為具體的自然界──是冥頑化的、潛在的、不自覺的精神，然後產生生命，再產生人類，從自覺的個人內在主觀精神或個體意識（意識、自我意識、理性），透過社會活動、世界歷史進程而逐漸外化為客觀精神或社會意識（抽象法、道德、倫理），最後返回到主客觀精神統一的絕對精神或絕對意識（藝術、宗教、哲學），從而認識並實現了它自身。他將本體論、認識論和邏輯學三者結合，統一於他的唯心辯證法：以正（肯定〔thesis〕或自在的階段）、反（否定〔antithesis〕或自為的階段）、合（否定之否定〔synthesis〕或自在而自為的階段）的螺旋式上升來解釋概念以及事物的矛盾對立統一、普遍聯繫和變化發展等，其中否定性原則──並非全盤否定而是揚棄，意謂去蕪存菁──是辯證法的核心、是變化發展的巨大推動力；變化是依照量變質變規律進行──一旦量變超過某個「度」，就會引起飛躍，即質變，所以「度」是質和量的統一、是控制量變到質變發生與否的關鍵性規則。他的辯證法不僅是自我意識認識客觀事物的方法，而且也代表客觀事物的本質以及它因為內在矛盾而運動變化的規律；前者稱為主觀辯證法，後者稱為客觀辯證法，前者只是後者的反映，兩者具有一致性（consistency）。

　　黑格爾哲學的一個重要使命，是要超越康德的主客體對立的二元世界思維方式和不可知論，將康德分裂對立的現象與本體（物自體、本質）、思維與存在重新統一，達到世界可知論。他的使命可以經由下列四個同一性命題而實現，即：「實體即主體」、「絕對即精神」、

「現象即本質」、「存在即思維」[20、21]。綜合言之，他是站在客觀唯心論立場將一切事物（實體、客體、存在）都當作既是實體又是主體的絕對精神（絕對意識或客觀思維）的產物；換言之，並無獨立於絕對精神以外之事物，事物的客觀存在只是幻覺；絕對精神是事物的潛在本質，事物是絕對精神的外在化或者軀殼。因為人類精神（人類意識或主觀思維）為絕對精神所產生，是絕對精神的代理人，人類精神（認識者）對於事物或事物中潛在的絕對精神（認識對象）的認識等同於絕對精神對於在不同階段的自身的認識，所以認識者和認識對象在本質上具有同一性；這是上述同一性命題成立的根本原理。至於認識者和認識對象的非本質差異，則可以經由現實的實踐活動而逐漸消除。此處黑格爾將人類主體的實踐活動引入認識論，影響日後馬克思甚巨。

必須一提的是，黑格爾所謂的本質、存在、客體並不具有唯物論意義上的客觀獨立存在性，所以他並沒有真正解決康德的主體客體分裂對立的問題。所謂絕對精神只是黑格爾為了建立他的哲學體系的純粹虛構（無法證實或證偽），並非客觀現實。所以，他真正實現的只是現象與意識虛構的本質的同一、思維與思維虛構的存在的同一、主體與主體虛構的客體的同一而已。

二、薄暮中哲學貓頭鷹在人間低迴

黑格爾說：「密涅瓦的貓頭鷹要等黃昏到來，才會起飛。」[22]（密涅瓦是羅馬神話中的智慧女神，貓頭鷹象徵智慧和理性——代表哲學。）貓頭鷹只在一天過後的黃昏起飛，因為只有這樣哲學才能深沉反思已經發生過的事，實現其作為「世界之思」的角色[23]；另外，黑格爾直到四、五十歲才名滿天下，所以他亦自喻為哲學的貓頭鷹，在人生的黃昏時分才展翅高飛[24]。黑格爾不時會從抽象思辨理性王國返

回人間，用生動活潑、通俗易懂的文字，寫下富含哲理、觀察深刻、批判尖銳的詞句段落。這些詞句段落並不玄奧晦澀，易為大眾理解，故而在此稱之為「哲學貓頭鷹在人間低迴」，它們構成黑格爾整體思想重要而不可或缺的一部分。現舉例如下：

（一）關於人、美、文化、歷史

他主張「人應當尊敬他自己，並應該自視能配得上最高尚的東西」[25]、「除非一個民族有一些仰望星空的人，否則這民族就沒有什麼希望」（星空象徵完美永恆的理念或理想世界）、「人類被尊重就是時代最好的標誌，它證明壓迫者和人間上帝們頭上的靈光消失了」[26]、「人首先就必須占領或控制住他的肉體，從而他的肉體才可以作為他的靈魂的工具」[27]、「美是理念的感性顯現」、「真正的悲劇是兩種善的衝突、兩種合理性的碰撞，在無情的命運力量之下的毀滅」（在這種悲劇中，很難分清是非、善惡、好壞）、「社會的自由水平由三個由低到高的藝術、宗教、哲學水平決定之」、「歷史是一堆灰燼，但灰燼深處有餘溫」以及「人從歷史中學到的唯一教訓就是：人不能從歷史中學到任何教訓」等。

（二）關於主奴關係及中國國民性

他主張人的自我意識離不開被他人承認的欲望，它造成社會衝突及隨之而來的主奴關係：其一為獨立的意識——本質是自為存在，是關係中主要的行動；另一為依賴的意識——本質只是為對方生活或存在，是關係中非主要的行動；前者是主人，後者是奴隸；但是主人和奴隸都在這種關係中相互異化。主人的一切得靠奴隸，所以奴隸才是真正的主人，主人在意識中異化為奴隸的奴隸；而奴隸，雖然在現實中異化為主人的所有物，但是在意識中卻異化為主人的主人，所以主奴關係的辯證發展最後導致主奴關係在意識中的解體和顛倒[28]。

再者，他對中國國民性作出了尖銳的批判，例如：「中國人有一種普通的民族性，就是模仿的技術極爲高明，這種模仿不但行使於日常生活中，而且用在藝術方面」以及「在中國，既然一切人民在皇帝面前都是一樣的卑微，因此，自由民和奴隸的區別不大。大家既然沒有榮譽心，人與人之間又沒有一種個人的權利，自貶自抑的意識便極其通行，這種意識又很容易變爲極度的自暴自棄，從而造成了中國人極大的不道德。他們以撒謊著名，隨時隨地都能撒謊。朋友欺詐朋友，假如欺詐不能達到目的，或者爲對方所發覺時，雙方都不以爲可怪，都不覺得可恥」等[29]。對照當今海峽兩岸中國社會十分熾盛的模仿、造假、欺騙、作弊而不以爲恥的風氣，他在兩百年前的批判更是顯得切中要害、針針見血。

（三）關於哲學及思想

他主張「一個有文化的民族竟沒有哲學（形而上學），就像一座廟，其他方面都裝飾得富麗堂皇，卻沒有至聖的神那樣」[30]、「哲學是被把握在思想中的它的時代」（後來馬克思的「哲學是時代精神的精華，文明的活的靈魂」和其意相類似）、「哲學的世界是顛倒了的世界」、「從事哲學猶如陷入伏兵四起的深淵」、「全部哲學史成了一個戰場，堆滿著死人的骨骼，是死人的王國」[31]、「理性與現實的和解是哲學的最高目的」[32]、「眞理是思想所把握住的事物自身」[33]、「熟知並非眞知」[34]（後來維根斯坦〔奧，Ludwig Wittgenstein，1889-1951〕所主張的「我們沒看到這問題，因爲這問題總是在我們的前面」和其意相類似）、「眞理無捷徑，只有通過彎路才能抵達。……害怕錯誤，實即害怕眞理」、「無知者是最不自由的，因爲他要面對的是一個完全陌生而黑暗的世界」以及「絕對的光明就是絕對的黑暗」等。最後，他主張「凡合理皆現實，現實皆合理」，一般認爲是用來阿諛當權者。但是，他曾經強調「所謂現實的

不是指一切現存之物，而是具有必然性的、前進發展之物」[35]，又曾
經私下對他的學生詩人海涅透露他暗藏的眞意是：「凡是合理的，必
然都是（會變爲）現實的」，而偷渡了反叛和革命精神，並且暗示凡
是沒有正義的社會，遲早都會消亡。恩格斯（德，Friedrich Engels，
1820-1895）對該主張的延伸解釋爲：「凡是現存的都是應該滅亡的。」

三、「形而上學終結」的開始

　　黑格爾認爲絕對精神就是歷史上人類所追求的自由精神，所以人
類歷史就是自由意識的發展史，發展水準高而代表歷史前進方向者取
得領導地位。自由意識由低到高的歷史發展三階段爲：從東方世界只
知道一個人（統治者）自由，到希臘和羅馬世界知道有些人（主人）
自由，最後到日耳曼世界知道所有人自由；世界歷史是經由日耳曼民
族全面擴展人人自由的原則而實現了自己的最終目的[36]，日耳曼民
族就是絕對精神最終的代表，絕對精神實現了自己的最終目的而不再
運動發展。這種理論使得黑格爾被人詬病爲日耳曼中心主義並且背叛
了自己辯證法的否定性原則。甚且，黑格爾自世界本質的合乎理性與
具有客觀目的性作起點建構其哲學，他的自然哲學充滿了錯誤荒謬的
臆斷，他的許多唯心思辨的觀點與日益進步的科學以及盛行的唯物論
都背道而馳，所以他的哲學失去意義而衰落，標誌著「形而上學的終
結」的開始[37]。同時代或以後的哲學家大多數都成爲黑格爾——這位
思想王國中的亞歷山大大帝（德國詩人福斯特〔Friedrich Christoph
Förster, 1791-1868〕如此稱頌黑格爾）——的掘墓人。例如，叔本
華說讀黑格爾的《精神現象學》的感覺有如闖入瘋人院；青年黑格
爾派（包括德國的無神論者和唯物論者費爾巴哈〔Ludwig Andreas
Feuerbach, 1804-1872〕和馬克思等人）要「把黑格爾像死狗一般拋
棄」；費爾巴哈（有名言：「不是上帝創造了人，而是人創造了上帝」

和「上帝是人的自我異化」[38]）說黑格爾的哲學根本就是思辨神學；列寧說讀黑格爾的《精神現象學》是治療失眠最好的方法；波普爾說黑格爾是「假先知」，他的辯證法不過是玩弄詞句、令人厭倦；羅素說黑格爾所有的學說都是錯的[39]等。

康德嚴謹審慎，黑格爾既神祕熱情又邏輯縝密，所以在思想風格方面，康德有些類似於亞里斯多德，而黑格爾卻有些類似於亞里斯多德化的柏拉圖；即以柏拉圖為內核，亞里斯多德為外殼。新康德主義者文德爾班（德，Wilhelm Windelband，1848-1915）說：「了解康德就意謂要超越康德」，新黑格爾主義者克隆那（德，Richard Kroner，1884-1974）說：「了解黑格爾就意謂看到絕對不可能超越黑格爾」[40]。從黑格爾以後，嚴密宏大的形而上學體系就絕跡了，所以他是古典哲學的最後一位騎士。

註釋

1 參見 La Mettrie, J.（拉美特利）（1959）。人是機器（顧壽觀譯／王太慶校）。商務印書館。

2 參見 Holbach, P.-H. D.（霍爾巴赫）（1972）。袖珍神學（單志澄等譯）。商務印書館。

3、4 參見 Durant, W.（威爾杜蘭）（1969）。西洋哲學史話（許大成等譯）。協志工業叢書出版公司。

5、6 參見 Russell, B.（羅素）（2005）。西方哲學史（馬元德譯）。左岸文化出版社。

7 同 3。

8 參見黃頌杰（2016）。西方哲學論集（論西方哲學的轉向）。上海人民出版社。

9 李秋零（2017）。哲學如何解構宗教──康德宗教哲學述要。https://www.youtube.com/watch?v=bkI70GQq9ys

10 參見朱志榮（2011）。康德美學思想研究。秀威資訊科技出版社。

11 參見 Kant, I.（康德）（2002）。判斷力批判（鄧曉芒譯、楊祖陶校）。人民出版社。

12 參見 Hegel, G. W. F.（黑格爾）（1981）。黑格爾通信百封（苗力田譯）。上海人民出版社。

13 參見 Schopenhauer, A.（叔本華）（2016）。作爲意志和表象的世界（石沖白譯）。新雨出版社。

14 同 3。

15 鄧曉芒（2012）。鄧曉芒講康德視頻文字稿——百度文庫。https://wenku.baidu.com/view/123f4c0516fc700abb68fc08.html

16「在尼采看來，康德的道德哲學要求人從善良意志出發，遵循自我法則，最後造就的就是像中國人那樣循規蹈矩唯命是從的奴才，閹割自己的超人品質。……尼采洞察到了康德道德哲學和中國思想的相通之處，認爲康德思想最終給我們帶來的不過是中國人格。他擔心未來的歐洲人也像中國人那樣（『中國人』在當時歐洲用詞中指的是那些機械應聲蟲、牽線木偶或工蟻）。」謝文郁（2008）。哥尼斯堡的中國人。全國新書目雜誌，**9**，pp.14-16。

17 參見 Hegel, G. W. F.（黑格爾）（1979）。精神現象學（上卷）（賀麟、王玖興譯）。商務印書館。

18 同 5

19 趙林（2003）。神祕主義與理性的雙重揚棄——黑格爾宗教哲學的演化與實質。天津社會科學 **5**，pp.35-40。

20 同 17。

21 參見 Hegel, G. W. F.（黑格爾）（1980）。小邏輯（賀麟譯）。商務印書館。

22 參見 Hegel, G. W. F.（黑格爾）（1993）。法哲學原理（范揚譯）。里仁書局。

23 參見 Stern, R.（2016）。黑格爾與精神現象學（林靜秀、周志謙譯）。五南出版社。

24 參見趙林（2009）。西方哲學史講演錄。高等教育出版社。

25 同 21。

26 同 12。

27 同 21。

28 同 17。

29 參見 Hegel, G. W. F.（黑格爾）(2006)。歷史哲學（王造時譯）。上海世紀出版集團。

30 參見 Hegel, G. W. F.（黑格爾）(1981)。邏輯學（上）（楊一之譯）。商務印書館。

31 參見 Hegel, G. W. F.（黑格爾）(2013)。哲學史講演錄（第 1 卷）（賀麟、王太慶譯）。北京世紀文景文化傳播公司。

32、33 同 21。

34 同 30。

35 參見苗力田、李毓章（主編）(2015)。西方哲學史新編（修訂本）。人民出版社。

36 參見鄧曉芒、趙林 (2006)。西方哲學史。高等教育出版社。

37 對於誰終結了形而上學並無定論。Blanchot, M.（法，1907-2003）在其《哲學的終結》一書中，採取了一個綜合的觀點，把黑格爾、馬克思、尼采和海德格（Martin Heidegger）全都納入了形而上學（哲學）的葬禮的行列。參見鄧曉芒 (2002)。西方形而上學的命運——對海德格的亞里斯多德批評的批評。中國社會科學 **6**，pp.38-46。

38 參見 Feuerbach, L.（費爾巴哈）(1984)。基督教的本質（榮震華譯）。商務印書館。

39 同 5。

40 參見 Kroner, R.（克隆那）(1986)。論康德與黑格爾（關子尹譯）。聯經出版社。

第 六 章

非理性反理性的狂潮

▌第一節 ▌當代文明在思想文化上的主要危機

　　十九世紀迄今的非理性反理性的思想文化狂潮源自對啟蒙理性、科學主義、實證主義、功利主義、物質主義、科技革命、兩次世界大戰、市場經濟、消費文化、核子武器、軍備競賽和生態浩劫等的批判或反抗。其中科技革命或稱工業革命共有四次：十八世紀蒸汽機革命、十九世紀電氣和內燃機革命、二十世紀電算機和信息革命、二十一世紀當前正在進行的創新革命——結合眾多科技包括如基因科技、大數據、人工智能、機器人、量子電腦及奈米科技等[1]。由於資本主義市場經濟迷信於成長、擴張、競爭、利潤至上、消費刺激生產等，農工商漁牧礦業不斷地生產製造，無度地濫墾濫伐濫挖、濫抓濫殺、濫用生物化學藥劑，再加上人們幾近瘋狂地購買消費、吃喝玩樂，製造巨量有害的垃圾，大家集體共同造成了地球生態大浩劫，包括如酸雨化、溫室效應、臭氧層破壞、熱帶雨林喪失、地球沙漠化、垃圾堆積如山、空氣土壤河川山地汙染、物種滅絕、能源匱竭等，帶給人類自身和其他物種巨大的災難。

　　非理性反理性的思想文化狂潮深刻地反省、猛烈地批判或反抗上述的一切。它批判理性的工具化和異化，反抗工商業、科學技術和傳播媒體對人或自然的宰制，重視生活世界和內在體驗，追求人的解放和實現以及崇揚藝術等都具有正面的價值。但是，它提高非理性的地位，主張非理性的生命體驗才是真實的存在與非理性的人高於理性的人；而後現代主義、解構主義更走到了反理性的極端，要破壞消解現代主義的一切建制包括如主體性、理性、科學、道德、審美精神等，要參與狂野、無秩序、無厘頭的「狂歡化」生活[2]，使得真假是非好壞美醜等顛倒錯亂而淪入虛無，社會人心與文化思想變成令人不可承受的輕佻、輕浮、輕薄：下流低級醜陋被當作上流高貴、胡鬧作怪搞

笑被當作創意才華、反智邪言歪語被當作風趣慧黠、裝萌噁心無恥被當作純真新潮[3]，這種一切價值的淪喪和意義的崩解將會使人類墮落倒退到蒙昧時代。在此必須指出的是，非理性反理性的狂潮事實上攻擊錯了敵人，它的主要敵人並不是理性或科學，而是它自身，是非理性自身中的負面因素。

理性是至高無上的，是人類最珍貴的能力。耶經（Bible）（見第二章註釋4）約翰福音：「太初有道，道與神同在，道就是神。」道意指邏格斯（logos），即規範、邏輯理性。理性──包括規範邏輯理性和創造超越理性（或創造性、超越性心智，即奴斯〔Nous〕）──是人類能夠從野蠻進步到文明的本質性原因和動力，是人類在無邊黑暗和虛無中唯一的光明和希望；人類要拯救自身、要賦予生命意義和價值、要推動歷史向前都必須依賴理性。事實上，根源於理性的各種科學技術只要運用得當，皆可以利用厚生、造福人群；科技替人類帶來不幸並不應該歸咎於理性或科學，而應該歸咎於非理性中的負面因素，也就是歸咎於人性中的低劣成分如爭權奪利、自私貪婪、殘忍冷酷等──皆為權力意志、生命本能和毀滅本能（死亡本能）的過度體現，它們促發資本主義、帝國主義、跨國企業、市場經濟、拜金主義、消費文化等而同時也被後者們激發強化，利用理性或科學之名以及應用各種科技肆無忌憚地在現代社會橫行肆虐，造成人類的各種異化、物化、不平等、不正義、沉淪、墮落。負面的非理性力量對於作為理性成果的科技的掌控濫用，以及非理性反理性的思想文化狂潮，已經演變成為當代文明的主要危機。

｜第二節｜ 現代和後現代哲學 —— 理性和非理性的對決

　　現代哲學大約從 1831 年黑格爾死後開始，從認識論轉向到人學、分析哲學、現象學及意義理論等的研究；後現代哲學大約從 1945 年電算機出世開始；存在哲學爲介於兩者的過渡。現代與後現代哲學有眾多的流派，彼此爭論攻伐，爭相標新立異，新概念、新名詞和新理論層出不窮，但是其中許多淪爲文字遊戲，內容貧乏單薄、矯揉造作、重複模仿，很快地就（會）落入冷宮，被人遺忘。哲學家羅蒂（美，Richard Rorty，1931-2007）借用一句好萊塢的行話形容時髦哲學的場景：「我們每一個人都各做大約五分鐘的明星。」[4] 在此從理性或非理性的角度將現代與後現代哲學劃分成兩大派：理性派和非理性反理性派，代表理性和非理性反理性在最高層次的對決。理性派主要特徵是傾向科學主義，強調經驗實證、科學方法、科學發現、邏輯分析和推論，多向外求；非理性反理性派主要特徵是傾向人本主義，以人爲中心，強調個體人、具體人、感性人和人的主體能動性，多向內求。理性派包括：(一) 實證主義，(二) 分析哲學、語言哲學、科學哲學，(三) 效益主義、實用主義、演化主義，(四) 結構主義、符號學，(五) 心智哲學（Philosophy of Mind）、信息哲學（Philosophy of Information）。非理性反理性派包括：(一) 意志哲學、生命哲學、精神分析學，(二) 馬克思實踐哲學[5]、社會批判理論、正義論，(三) 現象學[6]、存在哲學、解釋學，(四) 後現代哲學（解構主義）。以下將各派的主要理論或關注問題予以極爲簡略的綜合性描述：

一、理性派哲學

(一) 實證主義

人類思想發展由低到高有三個階段：神話（蒙昧）、形而上學（思辨）、科學。世界上只有經驗可以證實的事物才是眞實的存在，否則即爲虛假，故而要拒斥傳統的抽象思辨的形而上學。人要從觀察和感覺經驗的事實出發，用科學方法研究和描述自然和社會，以求獲得實證的知識。世界是由感覺經驗構成，凡是超出了所有感覺經驗之外的事物，例如上帝、自由意志、靈魂、以太等皆屬虛構；而且，對於感覺經驗之外的事物的思考並不符合思維經濟原則（即：如非必要，勿增假設、概念和實體）。主要人物爲孔德（法，Auguste Comte，1798-1857）、馬赫（奧，Ernst Mach，1838-1916）、史賓塞（英，Herbert Spencer，1820-1903）等。

(二) 分析哲學、語言哲學、科學哲學

分析哲學包括邏輯實證主義與邏輯經驗主義、人工語言學派與日常語言學派等。分析哲學的核心是語言哲學，認爲思想及其意義是經由語言而表達和呈現，因此哲學的核心問題就是語言問題。要對語言作邏輯、語義或概念分析和批判，以探究語言的本質。日常語言（或自然語言）的晦暗和歧義導致紛爭，應該將其轉化爲人工語言以確定其意義。分析哲學反對傳統形而上學毫無意義的僞命題，只有能夠被邏輯（分析命題）檢驗或者被經驗（綜合命題）檢驗而具有高度可靠性的命題才有意義；要將哲學問題轉化爲數理邏輯符號，而用邏輯理論分析之。分析哲學的一個基本原則是語言先於思想，語言和思想在思維及表達過程中密不可分。世界並不是由事物所構成的，而是由事實——即經由語言與符號而表達的概念、判斷與推理等——所構成的；簡言之，世界就是事實的總和。人生活在事實總和的世界，

就是生活在語言的牢籠中，具有想要衝破這牢籠的內在衝動，但是卻絕對不可能衝破它，人的語言的界限就是人的世界的界限[7]。一種語言意味著一種生活形式：正確的語言使人明智、清醒、深刻或健康，而錯誤的語言卻使人愚昧、昏亂、墮落或生病。人對於可說的（即可思想的）事情要用清楚的、符合邏輯語法的語言表達出來，對於不可說的（即不可思想的）事情就應當保持沉默[8]。主要人物為弗雷格（德，Gottlob Frege，1848-1925）、喬治‧摩爾（英，George Edward Moore，1873-1958）、羅素、維根斯坦、達米特（英，Michael Dummett，1925-2011）、喬姆斯基（美，Noam Chomsky，1928-）、維也納學派──包括石里克（德，Moritz Schlick，1882-1936）、卡爾納普（德，Rudolf Carnap，1891-1970）、哥德爾（奧，Kurt Friedrich Gödel，1906-1978）、艾耶爾（英，Alfred Jules Ayer，1910-1989）等。

　　科學哲學產生於邏輯實證主義，是對科學的哲學性反思與批判，它研究的主題包括如科學本質（可檢驗性、可證偽性、可批判性）、科學與非科學劃界、科學方法與理論評價、科學發現與發展模式等。主要人物為波普爾、孔恩（美，Thomas Kuhn，1922-1996）、費耶阿本德（奧，Paul Feyerabend，1924-1994）、拉卡托斯（匈，Imre Lakatos，1922-1974）等。

(三) 效益主義、實用主義、演化主義

　　效益主義（或功利主義）著眼於社會發展的效率問題，認為在道德上和政治上，增加幸福即是善和公正，增加痛苦即是惡和不公正。個人行為、社會立法和政府措施的標準為「促進最大多數人的最大幸福」，幸福等於快樂的總量；快樂分高級和低級，精神快樂高於肉體快樂，快樂的質比量重要。幸福可以用機率統計的方法按照下列幾個指標計算和量化：快樂的強度、持續的時間、範圍和機率、造

成有益後果和造成有害後果的機率等。正義即是維護權利，當正義標準與其他標準相衝突時，應以效益爲仲裁標準。一個民主社會必須堅決維護每個人思想、言論和結社的自由，如此方可避免多數人的暴政和錯誤，而在整體和長遠利益上，符合效益主義原則[9]。主要人物爲邊沁（英，Jeremy Bentham，1748-1832）、密爾（或穆勒，英，John Stuart Mill，1806-1873）等。

實用主義（或工具主義、效用主義）認爲終極、客觀實在、永恆不變的眞理是不可能的，一切知識都只是信念，具有不確定性和可錯性，知識並不是人對客體的旁觀或靜觀，而是具有實用性和實踐性的。知識是創造現實的工具，是對物理環境和文化環境問題及挑戰的回應，是人和環境打交道時一個相互作用的連續過程，其宗旨是要探究和改變環境，創造新的現實。要正確地理解知識就必須看它們在未來有無實際效果；一切概念、命題和假設都只是眞理的工具，它們如果在實際上對於人的生存實踐有用有效就是眞理，否則就沒有意義──可概括爲：「觀念爲眞，因其有用；觀念有用，因其爲眞」[10]。主要人物爲皮爾斯（美，Charles Sanders Peirce，1839-1914）、威廉·詹姆士（美，William James，1842-1910），杜威（美，John Dewey，1859-1952）等。

演化主義（或進化主義）將達爾文（英，Charles Darwin，1809-1882）生物演化論的原則應用到其他領域如社會、政治、經濟、教育、倫理道德等；認爲人類社會和歷史必然會遵循「物競天擇，優勝劣汰，適者生存」的自然法則，持續朝著複雜性日益增加的方向進化，直到進入完美之境；換言之，勝者即適者，汰者即不適者；不適者被無情淘汰是文明法則，遵循此法則社會才會持續進化。進化的關鍵是競爭和汰弱，政府和社會不應該管制與干預，而是在提供機會均等的原則下，採取放任主義，使自由競爭和留強汰弱得以充分實現。演化主義這種觀點和效益主義「促進最大多數人的最大幸福」觀點以

及實用主義「積極介入、創造新現實」觀點常相衝突。主要人物爲史賓塞、赫胥黎（英，Thomas Henry Huxley，1825-1895）等。

(四) 結構主義、符號學

　　結構主義著眼於尋找具體現象背後的整體結構（相互關係網絡）、系統、模型、規則，認爲文化先於自然、社會先於個人、系統結構大於其要素的總和：個體性質是由整體結構決定，個人行爲是由社會各種組織結構關係（乃文化的產物）決定，個人意識是由集體潛（下）意識決定，所以個人在社會中是一個不自由的被決定者，所謂個人的選擇自由僅是幻象。社會不平等和不正義的主因並不是由於先天自然的差別，而是由於後天人爲的社會結構。社會的表層結構或上層建築如政治、法律、宗教、科學、倫理等是由社會的深層結構決定，後者包括經濟基礎以及較之更爲根本的潛（下）意識型態，它們透過表層結構對於個人思想行爲以及社會現象、活動起決定作用[11]；因此，眞正改變社會表層結構的革命必須依賴於深層結構的鬥爭和革命。

　　符號學認爲人使用社會結構下的各種符號從事意指（signification），即產生意義並將意義歸附於事物的活動，這些符號並非用來聯繫名稱和事物，而是聯繫能指（或意符〔signifier〕）與所指（或意旨〔signified〕）；能指即是符號的形式或物質方面，包括字詞、聲音模式或其他表徵；所指即是符號的意義，包括概念、內容、情緒或意識型態；能指與所指的具體結合產生了符號的意指活動。但是，能指與所指基本上相互獨立，其聯繫並非自然或必然，乃隨意或約定俗成，雖然一時有效，但可以隨著時間而逐漸改變。流行文化中的許多能指表徵——稱爲第二層次（second-order）符號學系統[12]的能指——例如廣告、圖片、電影、時裝、膳食、汽車、家具、儀式、運動等（在第二層次）的所指，是將一種虛構的意義，在人們毫不覺察的情

況下，加於自然現象上，它「根本就是對事物的扭曲，而扭曲的目的，則是使現狀正當化、自然化，使它永世長存」[13]；換言之，其目的是美化支配階級──即資產階級──的世界觀和意識型態，替它護航，讓人們生活在主流意識型態製造的流行神話的系統裡，成為被支配的木偶或者安分滿足的豬，難以動彈。人們必須隨時提高警覺，用清醒的思考去揭露符號（在第二層次）的隱含意、迷思和象徵，不要被符號背後潛藏的意識型態或政治意圖所操縱。

主要人物為索緒爾（瑞士，Ferdinand de Saussure，1857-1913）、維根斯坦、阿圖塞（法，Louis Althusser，1918-1990）、李維史陀（比，Claude Lévi-Strauss，1908-2009）、羅蘭巴特（法，Roland Barthes，1915-1980）等。

（五）心智哲學、信息哲學

在認知科學（cognitive science）、心智哲學（或心靈哲學）與信息哲學這三者攜手高歌猛進的當代，搞本體論、認識論、心理過程或認知過程的哲學的人再也不能只用內省、想像、陳腐語詞和概念去虛構理論、談玄弄虛、凌空狂舞。

認知科學結合了腦神經科學、電算機科學、人工智能、哲學、心理學、語言學、人類學、統計學、數學等，其目標是以生物機制與科學方法研究心智（mind）或意識（consciousness）的本質以及認識的發生、模型和過程等。心智哲學是從認知科學的研究逐漸發展出來，「認知科學經過三、四十年的發展，現正進入了一個急劇變革和不斷重組的新階段，其中一個趨勢是對認知的研究進行更為抽象的哲學概括，建立心智哲學。二十世紀的第一哲學是語言哲學，二十一世紀的第一哲學則是心智哲學。心智哲學不再將語言活動看作哲學直接面對的研究對象，而是把語言活動看作心智活動的反映，心智活動才是心智哲學研究的對象。」[14] 心智哲學的核心是意識哲學，對於意識的研

究的困難度非常高，其重要問題包括例如：「意識的根本性質爲何？意識在自然界中如何發生？大腦作用如何產生意識？意識需要特殊的生物機制，例如大腦嗎？是否萬物皆有意識？意識只是伴隨物理作用而發生，它自己不能單獨存在嗎？意識在宇宙中的地位爲何？意識是萬物之源嗎？是宇宙生成變化的基礎嗎？意識有什麼用？人能否沒有意識仍好好地活著？」[15] 等。人類對於這些問題可能永遠無法獲得終極必然的答案，而只能獲得一些成立的或然性相對比較高的答案。

信息是代碼或符號序列所代表的消息中包含的一種抽象的東西，以接近光的速度在宇宙旅行，它既不是物質，也不是能量，而是一種獲得新知識或者減少不確定性（即減少所謂「信息熵」〔Information Entropy or Shannon Entropy〕[16]）的東西；所謂有效的生活就是擁有足夠的信息來生活[17]。哲學和計算科學與通信技術的交會──尤其是二十世紀九〇年代網際網路（或互聯網）興起，信息社會的正式到來──造成了哲學的計算轉向（computational turn）或信息轉向，這種哲學向信息哲學的轉向被一些人視爲哲學範式的轉移，例如：「一個新的哲學範式湧現了，計算機的計算便爲哲學提供了這麼一套簡單而又令人難以置信的豐富觀念──新穎而又演變著的爲哲學探究所準備的主題、方法和模式。計算爲傳統的哲學活動帶來了新的機遇和挑戰。計算正在改變著哲學家理解那些哲學基礎和概念的方式。」[18] 信息哲學研究信息與智能、自然、語義、意義、價值、知識、存在等的關係，認爲信息流的運作要比知識的獲取和傳播更爲基本[19]，許多傳統哲學的本體論、認識論等問題和解釋都可以化約爲信息──主動信息或是被動信息[20]──的問題和解釋。例如，「信息是產生這世界萬物及意識的基礎，是最根本的存在。信息既非物質，也非心靈，而是物理世界與心靈的源起」[21]；「世界本體即是信息流，除了信息流之外無物存在」；「一切認識過程都可以抽象成爲信息流」等。另外，信息哲學亦關注如何利用信息改變世界這類實踐的問題[22]。

主要人物爲圖靈（英，Alan Turing，1912-1954）、向農（美，Claude Elwood Shannon，1916-2001）、喬姆斯基、約翰・塞爾（美，John Searle，1932-）、弗洛里迪（義，Luciano Floridi，1964-）、約翰・惠勒（美，John Archibald Wheeler，1911-2008）、大衛・玻姆（美，David Bohm，1917-1992）、大衛・查默斯（澳，David Chalmers，1966-）等。

二、非理性反理性派哲學

（一）意志哲學、生命哲學、精神分析學

意志哲學認爲世界和人的本質是意志，科學和理性是意志的奴僕。意志是一種盲目的衝動，其本質是邪惡的，所以人生是欲望不滿足時的痛苦以及欲望滿足後的倦怠這兩者交替出現的一場無意義的悲劇。上帝無能，創造了人類卻拯救不了人類，其救贖完全無效，又無時無刻不在見證人類的汙濁醜惡；祂無用、多餘、荒謬，因此，「上帝死了」！被全人類一起共同謀殺而死！「虛無主義，這個所有客人中最可怕的客人，已經站在門前了」（海德格語）[23]；絕對普遍的標準就此消亡了，一切都變得可能，人必須重新估定一切價值。權力意志（或強力意志）是創造、擴張、征服和統治的衝動，超人 —— 理想的人、未來的人 —— 是權力意志的化身。超人的道德是「強者道德」或「主人道德」，其原則是「強就是善，弱就是惡」，並且否定基督教僞善的「弱者道德」或「奴隸道德」以及一切舊價值。「弱者道德」如憐憫、寬恕、謙卑、禁欲等是弱者用來向強者復仇的工具，其目的是要馴服強者、扼殺強者的生命意志和創造力，使強者淪落到弱者畜群中。超人替自己立法，不聽從任何他人的「你應」，而只聽從自己的「我要」，並且創造出超越凡人善惡之上的新價值和意義；這就是

超人的新道德觀，它是對生命和權力意志的肯定，是一種最高貴的虛無主義[24]。生命哲學認爲哲學的核心問題是生命，哲學必須服務於生活；反對科學主義和機械唯物論，譴責理性，認爲理智乃是幻夢，使事物分離支解；要關注整體生命現象、生活世界和意義，要從生活世界中尋找自己生命的眞理；強調本能、直覺、體驗和領會，視生命爲生成變遷（becoming）的歷程（process）：經由非理性、自由和綿延的生命衝動不斷去創造和進化。主要人物爲祁克果（丹麥，Søren Aabye Kierkegaard，1813-1855）、叔本華、尼采、狄爾泰（德，Wilhelm Dilthey，1833-1911）、柏格森（法，Henri Bergson，1859-1941）、懷特海德等。

精神分析學或心理分析學認爲統治人的不是理性，而是平常意識不到的個體潛意識或集體潛意識，潛意識是非理性力量或獸性力量的大本營，其中充塞著多種不被允許、不能面對而被壓抑的或者被語言扭曲、遮蔽、消除而失落的欲望如不正當的性慾、權力欲、毀滅欲、自卑感等，主要人物爲佛洛伊德（奧，Sigmund Freud，1856-1939）、楊格（瑞士，Carl Gustav Jung，1875-1961）、阿德勒（奧，Alfred Adler，1870-1937）、拉岡（法，Jacques Lacan，1901-1981）等。

（二）馬克思實踐哲學、社會批判理論、正義論

馬克思實踐哲學的核心部分包括辯證唯物論、歷史唯物論和剩餘價值論等。西方馬克思主義批判地繼承馬克思主義，將後者和西方一些重要的哲學流派結合起來，而創造出新思想、新觀念、新解釋、新批判，目的是要拯救逐漸衰亡的馬克思主義，使其具有新時代的精神和意義。社會批判理論爲西方馬克思主義的主要代表。

辯證唯物論認爲世界的本原是物質，物質具有客觀實在性，物質決定意識，意識能動地反作用於物質。物質是運動的，運動具有客觀規律，可以被人透過實踐活動發揮主體能動性而認識，並反過來指導

實踐。辯證唯物論反對用孤立的、靜止的、局部的眼光，而是用聯繫的、運動的、整體的眼光看世界；它結合了黑格爾的唯心辯證法和費爾巴哈的唯物論，給予事物內在或外在普遍聯繫的規律以及事物汰舊換新永恆發展的規律。歷史唯物論主張社會存在決定社會意識（或上層建築），後者能動地反作用於前者。社會存在主要指生產力或生產方式，它決定經濟基礎——即生產關係的總和，經濟基礎決定上層建築包括如政治、法律、哲學、宗教、藝術、倫理道德及其具體體現的機構、組織、制度、設施等。人類社會兩個基本矛盾是生產力和生產關係、經濟基礎和上層建築之間的矛盾，這兩個矛盾運動，推動著歷史向前發展。

哲學的任務是改造世界：批判法律、政治、歷史、文化工業和社會現實，揭露人在勞動、科學、工具理性或物質關係中的自我異化、在拜金主義及商品拜物教中的全面物化、在廣告製造的虛假需求中的消費異化、在大眾娛樂中的虛幻滿足和麻痺；反對資本主義對人的意識和活動的全面控制而使生活世界殖民化；反對支配階級（即資產階級）利用工具理性（或技術理性）的霸權使文明倒退爲野蠻、啓蒙倒退爲神話 [25]；反對支配階級對人直接、無恥、殘忍的壓榨剝削和對人性尊嚴的踐踏；消滅階級、廢除分工、消除異化、消滅私有財產制、剷除不平等，將世界改造成自由人的聯合體，希冀人人能得到自由而全面的發展以及個性的澈底解放。主要人物爲馬克思、德國法蘭克福學派——包括霍克海默（Max Horkheime, 1895-1973）、阿多諾（Theodor Wiesengrund Adorno, 1903-1969）、班傑明、馬爾庫塞（Herbert Marcuse, 1898-1979）、弗洛姆（Erich Fromm, 1900-1980）、哈伯瑪斯（Jürgen Habermas, 1929-）等。

正義論主張社會制度的首要美德是正義，就像理論體系的首要美德是眞理；正義原則反對爲了多數人的權益而剝奪少數人的權益，也就是反對效益主義的主張。正義即「公平地對待他者與異類」的

義務，其具體體現爲「分配的公正」，包括如自由與機會、收入與財富、自尊的社會基礎等都必須平等地被分配；若分配不平等，則應當有利於最小受惠者或弱勢群體[26]。但是，關鍵問題是，靠國家公正分配是不可能的，還是得依賴自由市場經濟和個人主義。極端的自由放任主義主張最小政府論，即政府的功能僅在於防止欺詐、暴力、竊盜和保障合約的履行[27]；故而在經濟上要自由放任；在倫理上要堅持激進的個性解放和全面自由。主要人物爲羅爾斯（美，John Rawls，1921-2002），諾齊克（美，Robert Nozick，1938-2002）、桑岱爾（美，Michael Sandel，1953-）、列維納斯（法，Emmanuel Lévinas，1906-1995）等。

（三）現象學、存在哲學、解釋學

　　現象學是描述和分析意識（或存在、知覺）結構的方法學和認識論，是「事情（指意識、存在或知覺）」本身不斷顯現的過程和結果：不要離開活的現象，不要試圖以習慣、抽象和推論方式達到本質，而要懸擱（epoché）所有的先見和判斷，讓主體與客體預先設定好的對立區別減低失效，直接朝向「事情」本身——即意向對象（intentional object），讓原始和純粹的「事情」自行顯現，透過感性直觀及本質直觀去描述並洞察「事情」對象的本質——故而現象學亦可稱爲本質直觀學，具有排斥知性、不可言說的神祕主義色彩。主要人物爲胡塞爾（奧，Edmund Husserl，1859-1938）、海德格（德，Martin Heidegger，1889-1976）、梅洛－龐蒂（法，Maurice Merleau-Ponty，1908-1961）等。

　　存在哲學將人（此在）視爲孤獨的精神個體，偶然地被拋入到這個陌生而充滿可能性的世界，卻自始就沉淪於被常人和大家包圍的虛假的、喪失自我的、非本眞的生活中——不自由、不作選擇也不需負責。人存在的基本狀態爲憂、煩、畏、怖、放逐、荒謬、絕望、虛無

等；人既不知從何而來、己身爲何、向何而去，也沒有原因、依據、目的；人生在世，空無所有，無家可歸，毫無意義，存在本身即是虛無[28]，每人行走在無底的虛無深淵中，只能依賴他／她自己。人絕對自由、注定自由，自由是人逃避不了的命運，世間無事不可爲，但必須承擔自由選擇帶來的焦慮和後果；人透過自擇的活動以及擺脫常人束縛後本眞的存在方式，讓存在本身得以顯現，終其一生都是處在「去存在」（to be）──去過本眞的生活而要成爲自己──的過程之中。存在主義是以個人爲中心，尊重每一個人的個性和自由，其口號：「存在先於本質」和「我反抗故我在」，強調個人並無固定本質，要勇敢反抗現實的醜陋、壓迫和不正義，要用行動超越現實和造就自我；個人的本質、人生的意義和價值，都是由存在過程的自由選擇和努力所創造和決定，過程未結束以前，都能夠改變和重塑；個人必須找到眞實的自我，而求其完成和實現，個人對於自我存在的領悟和行動決定了他／她的存在的境界。主要人物爲祁克果、尼采、海德格、雅斯培（德，Karl Jaspers，1883-1969）、卡夫卡（捷，Franz Kafka，1883-1924）、梅洛─龐蒂、沙特（法，Jean-Paul Sartre，1905-1980）、西蒙・波娃（法，Simone de Beauvoir，1908-1986）、卡繆（法，Albert Camus，1913-1960）等。

解釋學是透過文本（或語言、事物、境遇）將意義、眞理和存在揭示出來，並且使解釋者能夠理解和改變他／她自己。解釋學視理解爲參與性、開放性和創造性的過程，有賴於作者（或說者）、文本（或語言、事物、境遇）和讀者（或聽者）三者之間的互動，並且依賴於前見和前設的條件，亦即，離不開前結構、前概念、歷史性成見、傳統、權威和前理解等的制約，一個絕對獨立客觀而不受任何個別主體影響的解釋或者理解並不存在。不同視域的交融（fusion of horizons）──解釋者藉著別的視域的衝擊，反思和質疑自己的前見，吸收別的視域的養分而調整修正自己的理解，從而超越自己視域

的侷限性，獲得更深刻的理解和更寬廣的新視域──是一個隨著理解而更新移動的生成變化過程，是趨近意義、眞理和存在的眞正途徑。主要人物爲狄爾泰、海德格、伽達摩爾（德，Hans-Georg Gadamer，1900-2002）、利科（法，Paul Ricoeur，1913-2005）等。

（四）後現代哲學──解構主義

反科學、反主體性原則、反邏格斯中心（理性至上或語音中心）主義[29]、反本質主義、反主從（本源─衍生）二元對立觀、反人類中心主義和反現代人文主義等；對現代精神全面澈底地懷疑、否定和顛覆；不斷追求差異、多元、極限、邊緣、變異、矛盾，無序、流浪、遊戲、拼湊、倒錯和斷裂；消解了人（作爲理性的動物的人的消解、作爲主體性的人之死[30]）、邏輯、規律、普遍、形式、整體、體系、結構、信仰、統一、中心、等級、眞、善、美、意義、價值、進步、理想、境界和崇高等。它重視個體、部件和細小敘事，反對宏大敘事、後設敘事（meta-narratives）和後設話語（meta-discourses）[31]，鼓吹塊莖（或根莖）思維、游牧思想、精神分裂式文本、主體間性（或互爲主體性〔intersubjectivity〕）和溝通（或交往）理性[32]，關注與瘋癲或精神分裂──已經獲得解放、超越所有社會規則、消除一切恐懼以及無拘束無壓抑──的狀態類似的非理性經驗，強調人是欲望機器──每人都是他／她自身欲望機器的組裝者[33]，除了欲望和生產欲望的身體，一切皆無；以及追求在權力／知識控制奴役之下的身體和靈魂自主權，努力作自我轉化（transformation of self），以擺脫不自由、不自主、異化的生活方式。基本上，它破壞一切、推翻一切，卻很少正面建樹，表現出強烈的無規定性、無原則性、頹廢性和虛無性。主要人物爲利奧塔（法，Jean-François Lyotard，1924-1998）、德里達（法，Jacques Derrida，1930-2004）、羅蘭巴特、傅柯（法，Michel Foucault，1926-1984）、德勒茲（法，Gilles Deleuze，

1925-1995）、哈伯瑪斯等。

註釋

1 參見 Schwab, K.（2017）。第四次工業革命（世界經濟論壇北京代表處譯）。天下文化出版社。

2 參見程志民（2008）。後現代哲學思潮概論。康德出版社。

3 極端反理性的解構主義和中國的非理性傳統一拍即合，以變本加厲之姿在中國社會四處橫行。此處描述的是臺灣思想文化界的　些解構現象。

4 轉載自趙敦華（2014）。現代西方哲學新編（第二版）。北京大學出版社。

5 實踐哲學如馬克思哲學、社會批判理論亦具有理性派哲學色彩，但是因為它反對所謂的「過度膨脹的工具理性」，強調人本主義、人道主義、主體能動性等，所以將之歸類於非理性反理性派哲學。

6 雖然現象學被其創始者胡塞爾視為嚴格科學，但是因為它重視直觀，再加上它的主要支派如海德格的存在論現象學以及梅洛—龐蒂的知覺現象學（或身體現象學）等，也都重視非理性因素，所以將它歸類於非理性反理性派哲學。

7 參見 Wittgenstein, L.（維根斯坦）（2013）。邏輯哲學論（韓林合譯）。商務印書館。

8 同 7。

9 參見 Mill, J. S.（密爾）（2009）。群己權界論（嚴復譯）。商務印書館。

10 參見 James, W.（詹姆士）（1997）。實用主義（陳羽綸、孫瑞禾譯）。商務印書館。

11 參閱 4。

12 參見 Barthes, R.（羅蘭巴特）（1998）。符號學（許薔薔、許綺玲譯）。桂冠出版社。

13 參見張汝倫（2007）。現代西方哲學的十五堂課。五南出版社。

14 徐盛桓（2010）。心智哲學與認知語言學創新。北京科技大學學報（社會科學版）**26**，pp.84-88。

15 參見洪裕宏（2016）。誰是我？意識的哲學與科學。時報文化出版社。

16 Shannon, C. E. (1948). A Mathematical Theory of Communication. *Bell Systems Technical Journal*, **27**, July and October, pp.379-423 and pp.623-656, respectively.

17 參見 Wiener, N.（1978）。人有人的用處：控制論與社會（陳步譯）。商務印書館。

18 參見 Bynum, T. W. and Moor, J. H. (Edit) (1998). *The Digital Phoenix: How Computers are Changing Philosophy*. Wiley-Blackwell.

19 參見 Dummett, M. (1993). *Origins of Analytical Philosophy*. London, Duckworth Publishers.

20 哲學家洪裕宏認爲物理學家約翰‧惠勒（有名言：「萬物源於比特」〔it from bit〕）的信息概念及大衛‧玻姆的信息潛能（informational potential）概念都有別於向農（信息論的創始人）的信息概念，後者是被動或消極信息，本身沒有內存意義，而要依賴有意識的觀察者賦予意義；前兩者相對來說都是主動或積極信息；主動信息是整體的、動態的歷程，不是事物、狀態或性質，不是被觀察的對象；主動信息是最根本的實存，是萬物之源；物理世界的一切包括如空間、時間、重力、電磁、粒子等等都是從它而來，都只是表象 [15]。

21 同 15。

22 (i)　劉鋼（2002）。當代信息哲學的背景、內容與研究綱領。哲學動態，**9**，pp.17-21。

(ii) Floridi, L.（弗洛里迪）（2002）。什麼是信息哲學？（What is the Philosophy of Information？）（劉鋼譯）。世界哲學，No. **4**，pp.72-80。

(iii)劉鋼（2009）。信息哲學的意義。http://blog.sciencenet.cn/blog-105489-209814.html

23 俞吾金（2006）。究竟如何理解尼采的話「上帝死了」。哲學研究，**9**，pp.66-73。

24 參見 Nietzsche, F. W.（尼采）（1963）。查拉杜斯居拉如是說（雷崧生譯）。臺灣中華書局。

25 參見 Horkheimer, M. and Adorno, T. W.（霍克海默、阿多諾）（2009）。啓蒙

的辯證（林宏濤譯）。商周出版社。

26 參閱 4。

27 參見 Nozick, R.（諾齊克）（1996）。無政府、國家與烏托邦（王建凱譯）。時報文化出版社。

28 參見 Heidegger, M.（海德格）（2006）。存在與時間（陳嘉映、王慶節譯）。三聯書店。

29 參見 Derrida, J.（德里達）（2005）。論文字學（汪堂家譯）。上海譯文出版社。

30 參見 Foucault, M.（傅柯）（2016）。詞與物：人文科學的考古學（修訂譯本）（莫偉民譯）。上海三聯書店。

31 參見 Lyotard, J. F.（利奧塔）（2015）。後現代狀態：關於知識的報告（2版）（車槿山譯）。五南出版社。

32 嚴格說來，哈伯瑪斯所提出的「透過建立在主體間性上的溝通理性以達成共識」並不具有明顯後現代色彩。利奧塔評之為「一條永不可及的地平線」。

33 參見 Deleuze, G. and Guattari, F. (1983). *Anti-Oedipus: Capitalism and Schizophrenia*. University of Minnesota Press.

第 七 章

謙卑的新理性

┃第一節┃ 新理性運動

　　總的說來，西方近現代非理性反理性思潮反對理性至上、理性萬能，並且批判理性主義的獨斷性、空想性[1]；而將意志、感情、本能、欲望、潛意識等非理性因素提升到本體論的高度，將主觀的直覺、感悟、體驗等當作認識論的基礎，將個體的感性生活和心理經驗當成最眞實的世界，強調生成性（becoming）、非確定性、曖昧性、偶然性、隨機性，以對抗理性世界的概念性、確定性、明晰性、必然性、規律性。但是，由於理性精神是西方文明的大傳統，非理性反理性思潮依舊是建立在抽象思辨、邏輯論證的理性主義的方法論基礎上，所以它雖然用希臘酒神狄奧尼索斯所象徵的非理性的激情、放肆、無序、陶醉來否定希臘日神阿波羅所象徵的理性的冷靜、自制、有序、夢幻美[2]，它仍然是理性主義本身自我否定而分裂出來的對立物，它對理性主義的猛力批判逼使理性主義不斷作自我反思和自我更新，並且醞釀著一個辯證地結合一般性和個體性、日神精神和酒神精神、理性和非理性中的積極因素的新理性運動。從辯證法的角度觀之，若近代啓蒙理性是正（肯定），則近現代非理性反理性的思想文化狂潮包括其極端形式的解構主義就是反（否定），而一個謙卑、更新且進步的新理性運動就是合（否定之否定）；這是歷史發展的必然趨勢，也是當前時代前進的主要方向。

　　新理性運動有兩個主要任務，第一個任務是拯救被極端反理性的解構主義破壞摧殘的人類文明，重新建立對創造建構精神的培養，對規律、規則、紀律、秩序的維護，對眞善美普世價值的捍衛，對莊嚴、優雅、崇高、理想事物的追求等；第二個任務是改造並拯救過度膨脹的啓蒙理性（或工具理性），將非理性反理性的正面因素融入啓蒙理性中，使後者謙卑、更新與進步，以重新樹立起理性應然的、

適當的地位和權威。哲學家哈伯瑪斯說「啓蒙計畫」（Enlightenment Project）或「現代性計畫」（Project of Modernity）尚未完成，即人類思想、社會和文化尚未達到理想中的啓蒙或現代性狀態。事實上，由於理性和非理性反理性的激烈鬥爭永不休止，人類的啓蒙也就永遠處在一種正在進行和尚未完成的狀態。新理性運動是一種新的啓蒙運動；對照於十七到十八世紀的啓蒙運動，後者進行於牛頓力學統治宏觀世界的時代，其思想內核和方法論是確定性、實證性和數學分析（微積分、微分方程）；而新理性運動則進行於當今量子力學統治微觀世界的時代，其思想內核和方法論是不確定性、機率和統計以及近期興起的大數據。

▌第二節▌ 新理性 —— 機率、統計和大數據理性

一、機率和統計理性

　　機率和統計以數學和科學理性為主，直觀和想像等因素為輔，兼具科學的客觀實證和藝術的主觀審美色彩。甚且，機率和統計常從感性個體的偶然性、不確定性、隨機性、無序性入手，進而掌握一般整體在機率和統計意義上的必然性、確定性、規律性、有序性；可以說是將感性非理性融入到理性思維中、將酒神精神注入到日神精神中，而產生出一種微醉的日神精神。在認識論方面，機率和統計結合了先驗假設、數學、演繹法和經驗數據、歸納法，調和了近代的唯理論和經驗論的基本矛盾，從而獲得既有經驗內容又具有機率和統計必然性，即機率和統計意義上的普遍必然性的知識。在二十世紀，機率和統計由於方法學的更新進步以及電算機的發明而能夠正確快速地處理

數據和資訊，遂躍居為認識世界的主要方法。

　　再則，由於機率和統計以數學和科學精神為主，加上一些藝術審美精神，故而在農業、工業、商業、軍事、政治、法律、文化，以及許多學術領域包括自然科學、工程學、醫學、藥學、社會科學和人文學科等都有廣泛而普遍的應用性，其概念、語言以及圖表、動畫的表達形式對於各行各業及各學術領域的人皆不陌生。因此，機率和統計可以用來作為某種溝通科學與人文這兩種文化之間的橋梁，藉以減輕兩者之間長期以來就存在的隔閡、分裂和對立[3]。

二、大數據理性到數據科學理性

　　從新理性運動自身辯證地運動變化的角度看，機率和統計與大數據之間存在著一種辯證發展的關係。具體言之，若機率和統計理性是正題，後現代解構主義是反題，則大數據理性即是當前正在前進發展尚未臻於成熟的合題。它主要是要綜合理性為主非理性為輔的機率和統計[4]以及極端反理性的後現代解構主義這兩者之長，而形成超越這兩者、具有建設性突破性的新思維、新方法、新觀念和新技術。大數據要將解構主義反理性融入到機率和統計理性中，可以比擬為要將激烈酒神精神注入到已經微醉的日神精神中，產生出一種半醉猶醒的日神精神。大數據理性與機率和統計理性互相結合、相輔相成，最後將融為一體——可以名之為「數據科學理性」，構成新理性運動的核心基石。

　　綜上所述，新理性運動的內核是數據科學理性，包含了機率和統計理性，以及與之密切相關、正在發展、尚未完成的大數據理性；它們將是本書的剩餘部分——第八章和第九章——所聚焦的主題。

註釋

1 李放（1995）。西方現代非理性主義思潮的基本特徵。社會科學輯刊，
 96，pp.28-31。

2 尼采在其著作「悲劇的誕生」（劉崎譯〔1970〕，志文出版社）中借用古希
 臘神話中的日神和酒神來詮釋希臘的悲劇。

3 物理學家兼小說家 Snow, C. P.（英，1905-1980）曾經在其著作《兩種文化》
 （紀樹立譯〔1994〕，三聯書店）中大力批判科學和人文的隔閡、分裂和
 對立。

4 其他需要綜合但較次要的理性元素是計算思維與複雜性思維，見第九章。

第 八 章

機率和統計的或然世界——
超越普遍必然性

｜第一節｜世界觀、人生觀、認識論、方法學

　　世界的本質是隨機、偶然、無序而不確定的，抑或是決定、必然、有序而確定的，是一個形而上學的僞問題，因爲其答案無法用經驗去驗證，亦無法被證僞。世界如何顯現，取決於宏觀或微觀、觀測時的位置和方式、使用的設備和儀器、眼光和視域及心智架構等。基於類似的理由，近代本體論所關注的世界本原究竟是唯心的、唯物的、心物二元的，抑或是多元的，亦是一個形而上學的僞問題，不論是唯心論、唯物論、中立一元論、心物二元論或者多元論[1]等的關於世界本原的主張，基本上都只是源自無法驗證的猜測、想像或信念，是心智的虛構，充其量都只有一些成立的或然性。當然，這些或然性或許會隨著人類科學知識的進展而變化消長。

一、或然決定論——必然與或然的辯證統一

　　神意決定論者將宇宙一切秩序皆視爲由神所安排和決定。例如，愛因斯坦並不是一個無神論者，而且，他的名言「上帝永遠不會擲骰子」——乃是他這位不世出的大天才爲了反駁波爾（丹麥，Neils Bohr，1885-1962）的量子力學觀點而作的一種獨斷的陳述——更顯示出他似乎還具有一些神意決定論者的色彩。當然，他認爲「人格化的上帝」這種想法是十分幼稚的，所以，他並不是相信與人類的命運和行爲有所牽累的人格化的神，而是相信一種類似於斯賓諾沙的「泛神論」的神，即是透過客觀存在的世界中完備的定律與和諧的秩序而體現自己的神。至於機械決定論者如笛卡爾、牛頓和拉普勒斯等則將世界視爲一個受永恆定律支配而運作的完美機器，萬事萬物皆遵循嚴格明確的數學或力學的必然因果律而進行；在原則上，如果一個人擁有

關於宇宙在某一特殊時刻的完整知識，那麼他就可以完美地預測全部的未來以及追溯所有的過去，對他來說，宇宙沒有任何的不確定性[2]。

　　機率思維打破神意決定論和機械決定論的思考框架，從或然決定論的角度觀看世界，用或然性度量並且區別世間萬事萬物。在現實經驗世界，所有過去（含現在）已經發生的、觀測記錄到的事件都是必然的、確定的[3]，但是所有未知的——包括所有過去未曾觀測記錄到的以及所有未來的——個別具體事件的發生都是或然的、不確定的，具有大小不等的發生或然率；人們根據所有過去已經發生的、觀測記錄到的事件建構出各種各樣的規律秩序而形成抽象的世界圖景，並且將這些抽象規律秩序延伸到未知以作推論或預測。嚴格地說，一切所謂普遍必然的、確定的抽象規律（分析命題之類除外）一旦延伸到未知的現實經驗世界，就失去其普遍必然性、確定性的論證基礎，而充其量只是成立的或然率高（即接近 1）、近乎確定的規律；未知的任何一個個別具體事件的發生，即使在一定程度上被某些所謂普遍必然的、確定的抽象規律支配決定，仍舊具有或許較為次要，但是卻不可忽略不可掌控的偶然性、隨機性與不確定性。所以，在未知的現實經驗世界中，個別具體事件的或然、不確定中含有抽象規律的某種程度的必然、確定，而抽象規律的必然、確定中含有個別具體事件的某種程度的或然、不確定；故而，現實世界乃是必然與或然、確定與不確定的辯證結合與統一。

二、最可能世界論——或然率的爭奪戰

　　一個與邏輯規律不矛盾的世界，就稱作可能世界（possible world）[4]，萊布尼茲主張「最好世界論」，即這個唯一的現實世界是所有無限多的可能世界當中最好的世界——是善超出惡最多的世界[5]，其中的罪惡和不幸乃是為了整體的和諧和秩序而必要的存在。黑格爾

主張的「凡合理皆現實，現實皆合理」似乎導向「最合理世界論」，
即這個唯一的現實世界是所有可能世界當中最合理的世界。但是，現
實世界並不是最好的世界也不是最合理的世界（或不一定是朝向最合
理的世界發展），許多幻想中或理想中的可能世界都比現實世界更好
或更合理。有一個理論，可以稱作「最可能世界論」或「最大或然
性世界論」，它並不牽涉好與壞、合理與不合理等價值判斷，而只主
張：這個唯一的現實世界是所有可能世界當中最可能的世界，也就
是成為現實的或然性最高的世界。在這個現實世界中，人在社會生活
裡所有認識上和實踐上的努力，基本上都是要增加自己認為是對的或
自己所欲望的事件發生的或然率，以及減少自己認為是錯的或自己所
厭惡的事件發生的或然率，這就造成人和人之間在各個事件發生的或
然率上的協作或衝突，亦即，造成人們對於或然率的爭奪戰；人們在
所有可能世界的所有可能事件發生的或然率上重複不斷作理性或非理
性的合作或鬥爭，或然率隨之相加相減相乘相除、起伏消長，就頻繁
不斷地有各種各樣在某種角度上或然率最大的並且可能符合某種規律
的事件，在合作或鬥爭過程中體現（realize）成為現實，從而主宰了
現實世界及人類歷史發展的進程。所以，在這個意義上，人類的歷史
就是一部對於或然率爭奪的歷史。必須一提的是，上述的或然率爭奪
論乃是恩格斯的歷史合力論的一種體現[6]，該理論主張歷史事件最終
的結果總是從許多單個的意志的相互衝突中產生出來，各個人的意志
都達不到自己的願望，而是融合為一個總的平均數，一個總的合力。
歷史活動中的每個意志都對合力有所貢獻，因而是包括在這個合力裡
面的。

三、統計歸納法與機率演繹法的結合

統計思維根據客觀的實驗數據或者主觀的半理性半感性（如民

意調查）數據等——稱爲樣本——進行認識及決策實踐活動。樣本統計量（sample statistics）是樣本的函數，其值完全由樣本數據值決定。由於目的的不同，樣本統計量可以區分爲描述統計量與推論統計量。首先，運用描述統計量或者圖表，例如樣本平均數、中位數、眾數、標準差、百分位數、相關係數等或者圓餅圖（pie chart）、直方圖（histogram）、箱形圖（box plot）、莖葉圖（stem and leaf plot）等，去概括或者展現樣本的基本特徵，而獲得初步的知識；然後，可以進一步運用推論統計量（此處描述統計量亦可使用）以及統計歸納法去探索樣本背後，也就是樣本所代表的事物整體（或稱母體）的性質、變化和發展：於混沌覓秩序、偶然尋必然、部分窺整體、有限探無限，從而建構事物整體在質和量上的某些規律、趨勢或關係等的或然知識，並且運用機率演繹法估算其犯錯誤的可能性和大小，更藉由錯誤極小化（error minimization）準則去選取在所有合理的統計方法[7]中之（近似）最優者，而獲得錯誤量最小、眞理性最高的或然知識。統計思維以數據作爲認識活動的起點和界碑，缺乏數據或超出數據（所代表的整體）之外即無法有效地進行認識活動；實驗設計與抽樣調查方法、樣本數據的品質與數量以及建模（如隨機樣本——即獨立且相同機率分布的隨機向量、時間序列、遠程依賴〔long-range dependency〕、迴歸、變異數分析等模型）、估計、假設檢定與預測等所採用的統計方法，決定了或然知識的精確性和必然性。

　　再則，在充滿不確定性的現實世界的實踐活動中，必須要考慮每一決策或行動的風險並將之最小化，風險即是平均損失或期望損失（當損失爲負值時代表獲益）。沃爾德（羅馬尼亞，Abraham Wald，1902-1950）創建了統計決策理論（statistical decision theory），發展出一種尋求最優決策或行動的方法，包括將貝氏風險最小化（minimizing Bayes risk）[8]、最大風險最小化（minimizing maximum risk）或最小風險最小化（minimizing minimum risk，等同於最大期

望獲益最大化）等，並且將統計推論中的最優估計方法以及最優假設檢定方法包括於其中，作爲特例。

統計承認個體非理性感性中的偶然性、隨機性、不確定性、無序性在認知上的某些意義和價值，例如：民意調查中被訪個體的意見常被非理性感性因素左右、非隨機抽樣（或非機率抽樣〔non-probability sampling〕）中調查者在選取被訪個體時常受主觀意識、意志、情感等影響。但是，統計和一般的文學及藝術不同，後兩者泰半耽溺在非理性感性裡恣意放縱，充其量只能主觀片面地表象出人性和社會生活，對人生難有指導作用；而統計則是從感性上升到理性、偶然上升到規律、混亂上升到秩序，用統計歸納法從客觀數據或者從摻雜主觀非理性因素的數據中抽離出有用的信息、建構出成立的或然性相對高的對於事物整體的知識，減少人們因無知或少知而產生的高度不確定性與心理上的恐懼。所以，統計可以在一定程度上指導人生，增大人們利用知識去過合理生活的可能性。

四、世界萬象始於隨機、真正知識始於或然

人呱呱墜地，進入一個陌生、無知、隨機的世界，這世界隨著人成長過程中的教育、學習與習慣等，而逐漸在人眼中演變成爲一個熟悉、有知、有序的世界。從人對於事物認識的演化觀點看，世界萬象始於隨機無序而逐漸趨向於決定有序、真知識始於或然而逐漸趨向於必然。人對於事物無知或少知時就應該持開放謙遜的或然態度，或然態度是存疑不輕信的具體表現；無知或少知時卻持必然態度是盲動及知識上的自殺。人生活在別人強加硬上的必然性教條的羅網中——尤其是在倫理、道德、法律、宗教、政治方面，它們幾乎把人的理性、靈性和追求真知識的能力熱情都弄成殘廢。真知識不從權威教條迷信崇拜（例如祖先聖賢權威、黨派主義教條、鬼神宗教迷信）的必

然開始，從虛構的抽象教條信仰及意識型態演繹到具體個別特殊的人事物的身上，常常是既錯誤又危險，會帶來愚昧和悲劇。人必須掙脫所有虛構的必然性教條的束縛，勇敢地屹立於天地間，在心智充分自由的狀態下，由自己來估計世界上每一事件發生的以及每一知識成立的或然性，由自己來評定什麼是真知、什麼是偽知；什麼是真理、什麼是欺騙；什麼該相信、什麼該唾棄。真知識的探索必須從開放謙遜的或然開始，它是一段始於或然、精於觀測、明於數據、勇於思考、勤於實踐、逐步深化而趨近於必然（成立的或然率趨近於 1）的過程，終於必然在許多情況下只足一個理想，該理想雖然可能永遠達不到，但是卻鼓舞人不斷探索前進，去尋覓真理性增加以及成立的或然性提高的新知識。從統計的觀點看，在追求真知識的過程中，任何一個對於某事物的主張或命題，重要的是要精確地估計該主張被已知數據支持的程度 —— 即已知數據在該主張下被觀測到的可能性或似然性（likelihood）、犯錯誤的或然率以及在決策實踐時的風險，要對這三者時時充滿警惕；而且，在大多情況下，要在所有對於該事物的主張中尋求被已知數據支持程度最大者（即滿足最大可能性原則〔maximum likelihood principle or most probable principle〕），或者犯錯誤或然率最小者，或者風險最小者（等同於期望獲益最大者）—— 這是理智與盲動的分野。

五、或然的人生 —— 微醉的日神

如前所述，每人的經驗世界都是必然性和或然性的辯證統一，絕對的普遍必然性只存在於抽象的數學或邏輯世界中，在未知的現實經驗世界，任何具體個別事件的發生都是或然的；因此，「現世一切皆或然」是唯一必然成立的真理，其他所有的必然教條都只是或然成立。由於人本身的卑微渺小與認識能力的有限，人的一生注定是或然

的，或然是人逃避不了的必然命運。斯賓諾沙認爲自由是對必然性的認識，事實上自由是對或然性的認識，並且自覺地設法改變或然性以及（在不能改變時）順應或然性。「或然是必然的」這主張並不是虛無，就如同蘇格拉底「我知道我什麼都不知道」的主張也不是虛無；相反地，運用機率和統計方法最大可能程度地認識萬事萬物的或然性及其背後機制，進而透過正確實踐活動增加可欲（正義）事件發生的或然率或者減少可厭（罪惡）事件發生的或然率，是敲碎盲目而錯誤的必然之外殼、破除虛假知識帶來的扭曲與破滅、減輕人生虛無的唯一希望。所以，人要勇敢地躍入「或然」之內核，用或然性在萬事萬物身上自由地跳舞，優美地創造出最大可能正確與精確的或然知識，據之而採取合宜行動，以增進生活和改善世界。

　　一個沒有或然率意識的人常活在虛假的必然性之中，一個沒有風險意識的人常活在虛假的安全（即活在危險）之中，一個沒有統計數據意識的人常活在虛妄的獨斷迷夢之中，這說明了機率和統計理性在指導人生上的重大意義。然而，雖然不知道精確量化（牽涉數學、機率和統計、大數據、電算機科學等）的人生是盲動的，但是不知道哲學邏輯思辨的人生卻是貧乏的，不知道品味眞純藝術[9]的人生更是荒涼的。一個理想的人生應該是像微醉的日神的人生：以理性——包括思辨理性與實踐理性——爲主宰，以非理性感性的積極方面爲輔佐。如果說數學理性的嚴謹、完美、崇高、必然是像日神精神，那麼機率和統計理性——融匯了數學的嚴謹必然性、經驗的偶發或然性，以及一些藝術的審美性——就可說是像微醉的日神精神，是建構一個理智、深刻、豐富、熱情、藝術的人生所必須具備的精神基礎。甚且，機率和統計理性將非理性感性的正面因素融入到數學理性中，是個別、具體、曖昧、無序性與一般、抽象、明晰、有序性的辯證統一，因而既崇高又謙卑、既圓融又進步，是新理性運動的核心基石。

| 第二節 | 思維模式與特徵、倫理學

　　數據是統計的靈魂、是統計認識活動的起點和界碑，任何一個基於數據樣本的合理的統計量都概括及包含了雜亂無序的數據的某些特徵及資訊，是數據的簡單有效的代表形式。統計思維強調「使用大量觀察法和多種統計量對問題作全面深入的分析」[10]。大量觀察法能夠產生足夠的數據，這些數據以及多種統計量的數值指標，能夠從多種不同的角度和層面「反映從個別到一般的認識過程；也反映某一事物在數量上個別與一般的對應統一關係」[11]。再者，在進行統計推論時，最優（或漸近最優）統計方法的選取主要依賴於所涉及的統計量的機率（或漸近機率）分布，而後者則取決於樣本背後的母體的機率模型，因此，對於機率模型及其產生機制的知識十分重要。總之，統計思維主要是從個別具體歸納上升到一般抽象，而機率思維主要是從一般抽象演繹下降到個別具體；統計觀看紅塵瑣事，機率思想數學淨土；統計思維與機率思維兩者的有機結合，除了具有相輔相成、相得益彰的效果，也是個別與一般、具體與抽象、歸納與演繹、紅塵與淨土的辯證統一。

　　綜合前面所述，機率和統計思維是一種以或然決定論、或然因果律以及機率和統計必然性等為基礎的認知模式；並且同時具有多重的二元對立統一性（或辯證統一性）、理論和實踐的統一性以及謙卑進步性等特徵。另外，或然因果律應用到倫理道德領域亦產生了善惡因果律的或然性問題。以下分別予以簡述：

一、從或然決定論到或然因果律

　　前述的或然決定論蘊涵（implies）或然因果律，即現實經驗世界

的所有因果關係都是或然的，一般所謂的必然因果律──不論是自然界的或是社會歷史的──僅是成立的機率接近 1 的因果律；各種行動所造成的所有可能的結果，以及各種事件之間的因果關係與強度，都應當以最大可能精確的機率來描述，從而至少近似地掌握住非確定性因果現象中的機率確定性。事實上，或然因果性可以用機率理論中的條件機率（conditional probability）及貝氏定理（Bayes' Theorem）等概念予以量化，但是因為本書是為一般讀者而寫，所以在此並不將之展開討論。或然推理（reason from probabilities）的概念是由近代英國經驗論哲學家休謨所提出[12]，他認為所有基於部分經驗的歸納都是不完全歸納，都是在自然齊一性（uniformity of nature：自然在不同時空具有相似性）的前提假設下從有限多個單稱命題過渡到全稱命題，即從已知的有限經驗過渡到未知的全部判斷，只能建構出或然成立的規律與因果律；他將一般所謂的必然因果律歸因於主觀心理的習慣聯想，澈底顛覆了客觀普遍必然因果性（歸納推理與因果律的有效性問題即是所謂的休謨問題或挑戰）。事實上，從統計的觀點看，休謨的主要論點：無法從兩個事件的反覆伴隨出現、恆常會合（constant conjunction）而確證兩者有必然聯繫（necessary connection），基本上只是指出相關性並不保證因果性（但反方向當然成立）。

二、或然的道德因果律

　　道德因果律（或善惡因果律）是一個非常重要而且牽涉甚廣的大問題。它的核心是要保證善者得福、惡者招禍，即德國哲學家康德所謂要德福一致。但是在現實世界，世俗所謂的「善有善報，惡有惡報，不是不報，時候未到」並不具有自發必然性，純粹只是宗教家虛構的騙局、道德家虛妄的幻想、弱者詛罵強者的咒語。道德因果律牽涉到許多複雜的概念和問題如：何為善？惡？福？禍？它們的操作性

定義爲何？若動機善結果惡或者動機惡結果善，則應得善報或惡報？因果是即時短期的或長期的？是人生局部的或整體的？一因多果、多因一果及多因多果的權重如何分配？等，但本書並不擬進一步討論這些問題。從或然因果的觀點看，若假設善有善報或惡報的機率各爲1/2以及惡有善報或惡報的機率亦各爲1/2，則似乎並沒有任何形式的具統計顯著性的數據實證研究可以推翻此假設[13]；換言之，人間的善惡果報似乎純粹是隨機偶然發生的，與人們美好的主觀願望「善必得福、惡必有禍」相違背。對於這種德與福在現實生活中普遍的背離，古往今來的宗教家、道德家、玄學家們紛紛以各種玄虛理論，如業報輪迴、善升天國、惡墜地獄、天理昭彰、天道公正、天命難違、人做天看、邪難勝正、天網恢恢、禍福相倚、舉頭三尺有神明等等，來一面撫慰又一面恐嚇人心。所有這些理論都無法用經驗去證實，亦無法被證僞，所以都是形而上學的僞命題，沒有多少認知上的意義。事實證明，天地對人是冷殘無情的，德福一致並非客觀的規律，不會自動發生，而是要透過社會實踐才可能實現，舉例言之，洪秀全（1814-1864）建立太平天國想要把天國實現在人間，馬克思成立共產主義者同盟（即最早的共產黨）想要在地上建立共產主義天國，他們及其追隨者不惜拋頭顱、灑熱血、坐穿牢底、橫屍法場，來反抗強霸者對弱小者的壓迫剝削，反抗皇族、權貴、地主、富豪或資本家對貧賤農工人民或無產者的奴役踐踏，他們要消滅人間一切的不平，要求公有、平均、平等、共產、大同，用實際的革命行動使得欺壓人民的惡者接受惡報懲罰、被欺壓凌辱的善良人民得到善報福澤，雖然他們最後因爲人性逃不過自私和權力腐蝕而失敗，但是他們對於正義和理想的熱烈追求、以革命行動促成道德價值在人間具體的實現卻永遠撼動人心，令後世景仰。

　　英雄革命、慷慨悲歌、激情飛揚的舊時代逝去了，庸眾統治、事事投票、無聊平凡的民主新時代到來。在現代民主社會，道德因果律

的實踐不再需要靠暴力革命，而是靠和平手段——透過在法律、倫理、政治、經濟等方面訂定制度規章，以提高善者得福、惡者遭禍的機率；並且同時降低善者遭禍、惡者得福的機率。具體實踐可以包括具有社會主義精神的立法措施諸如：財富設限、權錢分離、遺產歸公、分配公正、禁止奢華品、禁止消費分級制等。財富設限即禁止任何人財富過多，亦即，財富不得超過某上限，超出部分一律歸公。權錢分離即禁止執政掌權者爲富人（財富超過某上限者），反之亦然；要消滅錢權交易、禁止昧於人民疾苦者掌握政權。遺產一律歸公即要禁止任何人不勞而獲、繼承財產、成爲死屍骷髏上的吸血鬼和寄生蟲。禁止一切奢華品及禁止消費分級制即要消滅社會的相對剝奪（relative deprivation）、消滅富人（及富二代、富三代……）對窮人以及勝利者對失敗者的無恥的炫耀、優越、傲慢、輕賤。資本主義市場經濟若任其完全自由發展，會造成弱肉強食、貧富懸殊、階級分化、強者狂笑、弱者悲鳴，故而須以社會主義的公正分配、平等正義、救助弱者、福利政策等加以調節和限制。總之，社會平等、正義、自由（在平等下的最大可能自由）、人人必得勞動、人人不被剝奪、人人皆有尊嚴是民主的目的，是善惡因果律實現的基礎。

在中國，落實社會正義和善惡因果律還有一大阻礙，即是家族主義及其衍生的情、理、法順序的待人處事傳統：以非理性的感情掛帥去壓制理性和踐踏法律，待人依親疏而有巨大差別，處事爲自己或親朋好友而不講理，甚至徇私舞弊、送禮賄賂、違法亂紀，冷酷無情地直接或間接損害陌生人的權益與尊嚴。這種基於家族倫理的處事方式會使得惡的親朋得到善報、善的陌生人得到惡報，降低了社會整體德福一致的機率。因此，如何使人的處事順序從情、理、法轉變爲法、理、情——即以理性駕馭非理性，能夠對待陌生人也公平公正、達理通情——從而提高社會正義及道德因果律實現的機率，是中國社會一個十分重要的倫理課題。

三、機率和統計必然性

　　機率和統計必然性，即機率和統計意義上的普遍必然性，主要是指運用統計歸納法作推論或預測時所得到的最優解或近似最優解，在樣本數趨向於無窮大時，其錯誤量（多以機率的形式表之）或風險會趨近於 0，即樣本數變得極大時，其錯誤量或風險會變得極小；換言之，運用統計歸納法對於整體所作的推論或預測，具有漸近必然的（necessary asymptotically or necessary in the limit）正確性。當然，在現實經驗世界，樣本數不論多大都永遠是有限的，所謂「樣本數趨向於無窮大」只是一個理想的概念，而且其中隱含著一個假設：所有前提和條件在樣本數增加過程中都不變——當然也含括了前述的休謨的自然齊一性的假設。所以，機率和統計必然性蘊涵「漸近符合論眞理觀」，亦即，人在諸種條件不變的理想情況下進行持續的觀測和適當的統計歸納，終將漸近必然地獲得符合論意義下的關於整體的眞理；也就是說，人的主觀認識會漸近地符合客觀事實或者主觀思維會漸近地符合客觀存在。任何統計方法，不論在直覺上多麼合理，若沒有這種在理想情況下的漸近性質就應該被淘汰，因爲它永遠達不到關於整體的眞理。當然，這裡還有一個錯誤量趨近於 0 即漸近符合的速率問題，要尋找到趨近速率最快或者在有限個樣本的現實情況下錯誤量最小的最優統計方法，這個問題十分廣泛複雜，牽涉到許多深入的機率和統計理論，本書並不擬進一步討論它。

　　上述的漸近性質與統計方法在樣本數趨向於無窮大時的一致性（consistency）緊密相聯繫。例如（爲了便於陳述，自此以下，只討論一維數據的情形），常見的統計方法包括運用點估計量（point estimate）——爲一用來估計整體的某一未知值的統計量、假設檢定統計量（test statistic）及信賴區間估計（confidence interval estimate）等來對整體作推論。在適當的前提和條件下，具有一致性

的（近似）最優統計推論方法[14]的犯錯誤的機率或風險趨近於 0[15]，故而能夠漸近地達到對於整體的必然正確的認識，亦即，能夠建立機率和統計必然性。

　　最優統計方法及其一致性的建立，都需要對於整體及統計量的機率分布形式具有（未知參數除外的）精確或近似知識（對整體的這種知識在非參數推論時並不要求）[16]。在現實經驗世界，隨機過程和機率分布的種類繁多，變化無窮；整體及統計量的機率分布形式，除了少數情況外[17]，都無法被精確地掌握，所以必須依賴於近似知識。中央極限定理（central limit theorem, CLT）證明：在一定的抽樣條件下，一些常見的統計量如樣本平均數，在樣本數趨向於無窮大時，具有漸近的常態（asymptotically normal）分布[18]——該分布的機率密度函數（density function）爲鐘形（bell-shaped）曲線，對稱中心的位置及凹凸高低的精確形狀完全由該分布的平均值和標準差這兩個參數決定。這個定理雖然爲大樣本漸近理論，但是通常在一般的有限樣本數下即具有頗好的適用性，基本上解決了整體、統計量及量測誤差（measurement error）的機率分布形式的近似知識的問題[19]。

　　常態曲線和中央極限定理標誌著機率的偉大勝利，使人像航行於迷霧的大海中望見了燈塔；它們對於統計的重要性，可以類比於引力和萬有引力定律對於物理的重要性。常態曲線既簡單又豐富，是人間最完美的量化曲線，可以媲美於希臘美神維納斯的既纖柔又豐盈的最完美的肉體曲線，藉著中央極限定理吸引統計量的分布函數（distribution function）曲線向它的分布函數曲線均勻地趨近[20]。除了真與美之外，常態曲線還含藏著善或正義的訊息——是社會各種資源分配應當遵循的理想曲線。例如，在私有財產制下，若社會的財富分配曲線爲 M—型或爲明顯右偏（skewed-to-the-right，即長右尾〔long-right-tail〕）曲線，則代表社會貧富差距過大而缺乏正義；一個理想社會的財富分配曲線應當爲一平均值大而變異數小的常態鐘形

曲線，平均值大代表社會整體富裕，變異數小代表分配公正，而變異
數爲 0 則代表財富絕對平均、分配絕對公正——這是社會所應當追求
的終極理想，它雖然在現實上永不可及，卻能引導社會朝正義方向前
進。因此，在這樣的意義下，常態曲線與中央極限定理的結合可以說
是真善美的統一。

綜合言之，中央極限定理以及與之緊密相關聯的大數法則（或大
數定理〔law of large numbers, LLN〕）——其主要結果包括如：隨
機樣本平均數及變異數，在樣本數趨向於無窮大時，會分別趨向於整
體平均數及變異數 [21]——基本上解決了近似最優統計方法及其一致性
的建立問題。這兩個定理是統計方法一致性的重要基礎，因而也是機
率統計必然性的重要基礎。

在此必須一提的是，在古典的理論中，中央極限定理及大數法則
只有透過大量隨機偶然的數據才得以顯現；機率和統計這種大量偶然
中的必然規律性、非決定中的決定趨向性的特徵，雖然可以用數學
證明，但是在直覺上，卻使許多人感到既美麗又困惑。在電算機（及
電算機模擬）尚未發明的時代，布豐（法，Comte de Buffon，1707-
1788，啓蒙健將，自然主義者，將微積分引入機率論）、柯瑞屈（英，
John Edmund Kerrich，1903-1985，數學家，第二次世界大戰時被
關在集中營）和卡爾·皮爾生（英，Karl Pearson，1857-1936，著
名統計學家，統計期刊 *Biometrika* 的創始者）曾經分別用手擲銅板
4,040、10,000[22] 和 24,000 次；得到 2,048、5,067 和 12,012 個正面，
其比率爲 0.5069、0.5067 和 0.5005[23、24]。他們用素樸的實驗驗證了
瑞士數學家伯努利的大數法則的有效性。

四、多重的二元對立統一性

綜合之前所述，機率和統計是必然與或然（偶然）、確定與不

確定、有序與無序、可能與現實、日神與酒神（理性與非理性、邏輯與審美、客觀與主觀[25]）、一般與個別（整體與個體、本質與現象[26]）、演繹與歸納（數學與經驗、抽象與具體、理論與實際）等多重的二元辯證結合與對立統一。例如：對於統計圖表展示和動畫繪製設計、實驗設計和抽樣方法、樣本數大小、推論和預測方法、假設檢定臨界值和顯著水準、信賴區間的信賴水準，以及貝氏分析中的先驗分布的選擇等，都取決於審美、理性、數學、經驗、理論與實際等主客觀因素的有機結合。

　　另外，機率和統計也是質化與量化（或定性與定量）二元辯證結合與對立統一。首先，統計思維是以認識事物整體的某些未知性質為出發點及目的，而設計並隨機抽取出適當的反映該些性質的量化數據樣本；然後，根據量化數據樣本，運用統計歸納法去探索事物整體在數量上的規律、變化和發展，進而建構出事物整體在該些性質上的規律、趨勢或關係等的或然知識，並且運用機率演繹法去估算其犯錯誤的可能性和大小——這就完整地體現了一個質化與量化二元有機結合的過程，正是：「定性研究強調事物的質的屬性，而定量研究強調事物的量之屬性。……統計方法性思想的發展和應用展現了定性和定量緊密結合的哲學特徵。……運用統計思想認識隨機現象時，定性認識是認識的起點和終點，而定量認識則是達到對隨機現象進一步定性認識的手段；質是量的基礎和目的，而量是質的表現和途徑。……只有實現定量和定性的結合才能真正認識隨機現象的本質。」[27]

五、理論和實踐的統一——多種的應用性

　　機率和統計既是「為知而知」的理論知識，又是「學以致用」的實踐知識，所以是理論和實踐的統一，也是知識和行動的統一。機率和統計在農業、工業、商業、軍事、政治、法律、文化，以及許多學

術領域包括自然科學、工程學、醫學、藥學、社會科學和人文學科等都有廣泛而普遍的應用性，能夠協助人們在各領域發現問題、深入事理和解決問題。因為「哲學是時代精神的精華」（馬克思語）以及當今是量子力學統治微觀世界的時代，所以，以下用機率和統計在哲學及粒子世界的應用性為例來做說明：

（一）哲學上的應用

例如，對於理性派哲學，可以協助實證主義對於有關整體的知識作機率和統計必然性的驗證；可以協助實用主義對於知識的不確定性、可錯性和有效性作量化分析；可以運用統計假設檢定協助分析哲學對哲學綜合命題之是否具有意義作檢測；也可以運用統計決策理論協助效用主義作最優決策。再如，對於非理性派的存在哲學，可以運用統計決策理論協助沙特的自由選擇理論，對於各項選擇的結果作風險評估，以便在實際選擇時有統計理性的指導；也可以運用常態曲線釐清海德格對於現代社會每個人被抽象的平均人（常人）支配而生活於非本真狀態的擔憂；按照常態曲線的經驗法則（empirical rule）：大約 68%、95% 和 99.7% 的人分別介於平均（μ）和近極端即 $\mu \pm \sigma$、$\mu \pm 2\sigma$ 和 $\mu \pm 3\sigma$ 之間，σ 代表標準差；因此，在個人主義和價值、品味、行為、習慣等異質化（σ 較大）的社會，仍然會有許多人生活在相對特殊和相對本真的狀態。

（二）量子力學和統計力學上的應用

量子理論的出現是人類認識史上的一次重大變革，必然會伴隨著一場思維方式的革命和研究方法上的更新[28] —— 機率和統計的思維方式和研究方法即居於這場革命和更新的核心。具體言之，在量子力學探索的微觀粒子世界中，粒子不是物質的孤立微粒，人在觀察它們時永遠無法看到任何本質，而是或然率波，代表在特殊時空點上發現

粒子的機率[29]。非參數（nonparametric）機率密度函數估計量在微觀粒子世界可以有所應用——在粒子物理（particle physics，或高能物理〔high-energy physics〕）中，該函數估計量的局部高峰（或凸塊〔bumps〕）[30]的存在是基本粒子可能存在的證據，所以在局部高峰處有可能偵測到新的基本粒子[31]。統計力學使用統計方法從粒子的微觀性質推斷出大量粒子所構成體系的宏觀性質如體積、壓力和溫度等，描述了從複雜無序到有序的形成。在充滿不定性和機遇的微觀粒子世界中，機械決定論所用的經典數學以微分方程為主的研究方法失效、四處碰壁，而格外地突顯出了機率和統計思維的意義和價值。總括而言，在微觀粒子世界，「機率和統計思想的發展顯示了自己的力量和獨立性，得到了廣泛的應用，如人們創立了統計力學、量子力學等，機率和統計不再是只能對經典數學起輔助作用的一根拐杖。……機率和統計思想促使哲學從機械決定論走向辯證的統計決定論。」[32]

六、謙卑進步性——共生共榮

在真理面前的謙卑是知識進步的前提——它也是機率和統計思維的本質屬性。

在學術研究方面，「統計是科學的女僕」和「統計基本上是寄生的，靠研究其他領域內的工作而生存」（統計學家薩維奇，美，Leonard Jimmie Savage，1917-1971）的說法，點明了機率和統計和其他學問共生共榮的關係；因此，機率和統計理性謙卑不狂妄，很難異化成非理性的宰制者。機率和統計推論而出的確定的或然知識（或者或然的確定知識），並非要被當作絕對知識去信仰，而是提供深入探索和研究的方向。

在現實生活中，機率和統計理性使人謙卑而少獨斷。舉例而言，人們常為了堅持自己觀點是對的（正確機率是 1，錯誤機率是 0）並

且別人觀點是錯的（正確機率是 0，錯誤機率是 1）而爭執不休、情緒激動，甚至非理性的惡言相向、衝突對立。事實上，由於世事充滿不確定性，許多關於日常生活大小事件的觀點，其正確的機率是嚴格地介於 0 與 1 之間（即嚴格地大於 0 而且小於 1）；所以，如果人能認識到自己觀點錯誤的機率以及別人觀點正確的機率都大於 0，也就是雙方的認識都只有片面性，那麼人就可以比較謙卑地調整自己觀點，以協作代替對立，和別人一起共同去尋求較佳的觀點；亦即，用比較謙卑周延的或然觀點去代替獨斷偏狹的必然觀點。例如，一個日常常見的爭執對立來自於雙方，在缺乏客觀知識和證據的情況下，都堅持自己認為的事件之間的因果關係，而全盤否定別人認為的因果關係；一個化無謂對立為積極協作的方法，是綜合所有可能的因和可能的果，雙方一起共同去尋找從每一因到每一果的機率強度；對於這些機率強度，運用機率和統計理性，根據客觀知識和已知數據，予以最大可能精確的估計；亦即，運用或然因果律的思維去化解對立並且拓展知識。值得附帶一提的是，或然因果律的思維亦可用來化解滑坡謬誤（slippery-slope fallacy）和稻草人謬誤（straw-man fallacy）[33] ——它們是兩岸三地中國人常犯的兩種邏輯謬誤；由於中國人缺乏邏輯論理的傳統、教育和訓練，因而大多都不知、不會、不能平實正確的論述與講理，遇到爭執時，常常瞎吵不休、激怒彼此、升高衝突、謾罵羞辱、哭鬧喊叫，這些都是「理盲」所導致的「濫情」現象。再如，有時對於某數據值，有一方堅持它是屬於居於大多數的平常值，出現機會相當大；而另一方則堅持它是屬於居於少數的例外值或極端值，出現機會相當小，雙方因而爭執。事實上，運用平均值、變異數及常態曲線的經驗法則（或中央極限定理的某種應用），大體上就可以將數據可能值劃分成兩部分並且估出其落在每一部分的機率，該兩部分為：包括大多數可能值的中央或主要部分，以及包括少數可能值的邊緣或極端部分；據此區分就能夠將爭執的數據值予以適當的定位；亦

即，用常態曲線的基本性質去化解無謂爭執。

　　如前所述，在十七到十八世紀啓蒙運動時代，英國哲學家洛克認爲眞理難明，一個愛眞理的人在主張己見時應當有所保留而抱著幾分懷疑，所以，反權威主義、常帶著試探和嘗試而少獨斷的精神便成爲他的特質。洛克的這種自我保留、自我懷疑、少獨斷、多寬容的精神，與機率和統計理性的謙卑周延、包容偏見、吸納異議、共生共榮的精神是相通的。另外，德國哲學家康德認爲人的純粹理性需要經過訓練，包括以懷疑論的論爭訓練，去對抗獨斷論並制約其狂妄。同樣地，二十一世紀新理性運動──一種新啓蒙運動──核心基石的機率和統計理性也需要經過訓練，包括以非確定性、或然性、數據與統計規律性的論爭訓練，去對抗確定性、必然性、玄想獨斷性──如上述的 0 與 1 之間、或然因果律及常態曲線經驗法則的例子所揭示。所以，在建立懷疑、開明與實證精神以防止獨斷論這方面，機率和統計理性的論爭訓練，乃是康德純粹理性論爭訓練的基本精神的承續與發揚。

　　最後，機率和統計理性的謙卑進步性主要是源自於將個別、偶然、隨機、曖昧、無序性等非理性感性因素，融入到啓蒙運動的思想內核和方法論即確定性、實證性和數學分析之中。沿著這個方向進一步的發展是近期崛起的大數據理性、方法和技術。在理性思維方面，大數據除了辯證地繼承機率和統計思維，更吸納計算思維（computational thinking）和複雜性思維（complexity thinking）；在非理性感性方面，大數據除了吸納上述的非理性感性因素，更吸納一些後現代解構主義的反理性因素包括如雜多性、模糊性、非結構性、混亂性、離散性、碎片性、去理論、去因果、去統一與去中心等[34]。它們是下一章所要討論的主題。

註釋

1. 簡言之，一元論中的唯物論認爲物質決定精神（或存在決定思維、客體決定主體），即物質爲本原、第一性，精神是從物質派生（derived）出來；唯心論則反之。一元論中的中立論則認爲物質和精神皆非本原，它們只是另一中立實體的兩種屬性（例如，斯賓諾沙主張：神即自然，即唯一實體）。至於心物二元論則認爲精神與物質各自獨立自存；而多元論則認爲世界是由多個獨立自存的要素所構成。

2. 這個假設的擁有宇宙完整知識的人（或智能生物）被稱作拉普勒斯妖魔（Laplace's demon）。

3. 現代物理學的宇宙弦（cosmic string）、蟲洞（wormhole）理論容許時間旅行的可能性。霍金（英，Stephen William Hawking，1942-2018）認爲雖然人旅行到未來是可能的，但旅行到過去是不可能的。因此，一切過去已經發生的事件是不可能改變的。

4. 現代模態邏輯（modal logic）是一種涉及可能性、存在性、必然性及相關概念的邏輯。萊布尼茲提出的可能世界啓發了一種模態語義理論，稱爲可能世界語義學，促進了模態邏輯進一步的發展。可能世界的本體論觀點主要有三種：(i) 可能狀態說 —— 我們的現實世界是唯一眞實存在的世界，可能世界只是現實世界的各種可能的狀態；(ii) 可能世界實在性無意義說 —— 可能世界只是解決命題眞值問題的句子集或狀態描述集；(iii) 眞實存在說 —— 各種可能世界都與我們的現實世界一樣眞實地、獨立地存在著。參見周北海（2000）。模態邏輯與哲學。北京航空航天大學學報—社會科學版，**13**，pp.32-36。

5. 參見 Russell, B.（羅素）(2005)。西方哲學史（馬元德譯）。左岸文化出版社。

6. 馬克思恩格斯選集（2005）。**4**，p. 697。人民出版社。

7. 例如，可容的（admisasible）統計方法。簡略地說，一個統計方法是可容的，如果沒有任何一個別的統計方法永遠比它好。

8. 貝氏統計通常是以先驗機率分布（prior probability distribution）的形式將研究者的主觀知識予以量化，即是將「以機率量化的主觀性」正式引進到統計思維與方法之中。

9 純藝術即是康德所主張的爲藝術而藝術，沒有任何功利、道德、商業、政治目的；是人生的花朵（叔本華語），既能美化淨化人生，更能引領心靈上升。當今流俗所謂藝術（廣義的）作品充滿煽情濫情、肉欲情色、怪力亂神、荒唐胡鬧，大多是汙染心智的垃圾，離純藝術差遠矣！

10、11 楊本活（2005）。統計學與哲學的分野及整合。瀋陽工程學院學報—社會科學版，**1**，pp.13-15。

12 參見 Hume, D.（休謨）（2016）。人性論（關文運譯）。商務印書館。

13 霍金斯（美，David Ramon Hawkins，1927-2012，所謂「心靈教師」、神祕主義者）在其書《心靈能量：藏在身體裡的大智慧》（蔡孟璇譯〔2012〕，方智出版社）用意識震動頻率、能量層級、磁場等建構出所謂「人類意識地圖」：正向感情如勇、淡、願、恕、理、愛、樂、和、覺給人較高意識能量，有益身心健康；反之，負向感情如愧、罪、冷、苦、懼、欲、怒、傲給人較低意識能量，有害身心健康。宗教信徒和道德家們歡騰雀躍地宣稱這就證明了「善自有善報，惡自有惡報」。必須很遺憾地指出，霍金斯所應用的人體運動學（kinesiology）的肌肉檢測的研究方法完全不嚴謹，例如意識能量的定義及其度量方式都模糊不清，沒有任何嚴謹良好的實驗設計，沒有採用雙盲（double-blind）實驗，許多實驗結果也無法重複等，因而其理論被識者批評爲典型的僞科學，沒有任何知識上的意義。參見 Carroll, R. T. (2003). *The Skeptic's Dictionary: A Collection of Strange Beliefs, Amusing Deceptions, and Dangerous Delusions*. Turner Publishing Company.

14 統計推論分爲參數推論（parametric inference，推論整體的某一未知參數值）及非參數推論（nonparametric inference）。在此以前者爲例對於一致性略作說明。首先，點估計量的一致性，分爲弱（weak）一致性、強（strong）一致性、均方誤差（mean-squared-error）一致性等，是指點估計量以某種方式趨向於眞實（true）的參數值，也就是它們兩者的差距的某種度量趨向於 0；其次，假設檢定統計量的一致性是指檢定量的檢定力（power）趨向於 1，亦即，檢定量犯型 II 錯誤——即不正確地拒絕備擇假設（或對立假設〔alternative hypothesis〕），也就是不正確地保留原假設（或虛無假設〔null hypothesis〕）——的機率趨向於 0；最後，信賴區間估計的一致性是指信賴區間包含錯誤的（false）參數值的機率趨向於 0。

15 以參數推論爲例，在典型的情況下：（近似）最優檢定量犯型 I 錯誤 —— 即不正確地拒絕原假設 —— 的機率亦趨向於 0（該機率在原假設的邊界點通常等於預先設定的顯著水準 α，可以設定 $\alpha = \alpha(n)$ 爲樣本數 n 的函數，以恰當的速率趨向於 0）；另外，（近似）最優雙邊信賴區間的期望長度亦趨向於 0，而且不包含眞實的參數值的機率亦趨向於 0（等同於包含眞實的參數值的機率趨向於 1，該機率通常等於預先設定的信賴水準 $1 - \alpha$，可以同前設定 $\alpha = \alpha(n)$）。

16 在參數推論時，假設檢定量的拒絕域臨界值的設定、p- 值的計算與檢定力的計算及信賴區間運用的基準量（pivot）的機率分布，以及它們一致性的建立等都依賴於對整體的機率分布形式的知識。在非參數推論時，整體的分布函數（或稱累積分布函數）及密度函數的估計都有相當的應用性，但相對來說，函數估計量通常需要非常大的樣本數才可顯現其均勻一致性（均勻收斂性）。

17 如多項（multinomial）分布（二項〔binomial〕分布爲其特例）、負二項（negative binomial）分布（幾何〔geometric〕分布爲其特例）、超幾何（hypergeometric）分布、卜瓦松（Poisson）分布、常態（normal）分布、貝他（beta）分布（均勻〔uniform〕分布爲其特例）、伽瑪（gamma）分布（指數〔exponential〕分布爲其特例）、柯西（Cauchy）分布等。

18 常態分布又稱高斯分布（Gaussian distribution）—— 以其發現者高斯（德，Carl Friedrich Gauss，1777-1855）命名。當隨機樣本所從出的整體的變異數爲有限正數時，樣本平均數及最大概似估計量（maximum likelihood estimate）的一些函數的漸近常態分布（中央極限定理）具有非常廣泛的應用性。當數據爲相依（dependent data）時，例如在 m- 相依（m-dependent）、強混合（strong mixing）、時間序列（如 autoregressive-moving average, ARMA）、平賭過程（或鞅〔martingale〕）及馬可夫鏈（Markov chain，簡單隨機漫步〔simple randon walk〕爲其特例）等模型下，給予適當的條件，某種形式的中央極限定理亦能夠建立。

19 在實際應用上，許多隨機變量如身高、體重、智商、量測誤差等，都可以視爲等於大量的（無法觀測的）小獨立隨機變量（small independent random variables）的平均值或和。因此，運用中央極限定理，這些隨機變

量可以視爲具有近似常態分布。

20 只有穩定（stable）分布——包括常態、卜瓦松和柯西分布等——才能作爲隨機樣本平均數這個最重要的統計量的漸近極限分布。常態分布爲其中之最重要者。

21 在適當條件下，可以建立強（strong）大數法則或弱（weak）大數法則。

22 柯瑞屈在集中營中作了這個手擲銅板的實驗。

23 參見 Ellenberg, J. (2014). *How Not to be Wrong: The Power of Mathematical Thinking*. The Penguin Press, New York.

24 參見 Lecture 8: Measure - UCLA Statistics。http://www.stat.ucla.edu/~cocteau/stat105/lectures/lecture8.pdf

25 竇雪霞（2011）。統計思想演化的哲學思考。商業經濟與管理，**1**，pp.92-96。

26 金勇進。統計思維與哲學 PPT。http://www.51wendang.com/doc/6e2f2166043f85028495ecf0/7

27 同 25。

28 參見殷正坤（1990）。探幽入微之路——量子歷程。臺灣高等教育出版社。

29 參見 Capra, F. (1986)。轉捩點（蔡伸章譯）。牛頓出版社。

30 嚴謹地說，函數 f 的一個凸塊是：f 爲下凹（concave downward）的一個最大可能區間。

31 Good, I. J. and Gaskins, R. A. (1980). Density estimation and bump-hunting by the penalized likelihood method exemplified by scattering and meteorite data. *Journal of American Statistical Association*, **75**, pp.42-73.

32 「統計決定論」即是吾人（本章第一節）的「或然決定論」。見蘇平（1994）。概率統計與哲學。曲阜師範大學學報：自然科學版，**20**，pp.105-110。

33 簡言之，滑坡謬誤藉著運用一序列的因果推論 $P_1 \rightarrow P_2 \rightarrow \cdots \rightarrow P_n$，卻誇大了每一因果推論 $P_i \rightarrow P_{i+1}$，i = 1, 2, …, n－1 成立的機率強度，例如無關聯誇大爲有關聯、或然性誇大爲必然性，而從 P_1 推論到不合理的結論 P_n，再藉著攻擊 P_n 來攻擊 P_1。稻草人謬誤基本上可以視爲是滑坡謬誤的一個特例，即當 n = 2 而且 P_1 和 P_2 之間毫無任何關聯性（時常 P_2 是對 P_1 的扭曲或曲解）。

34 黃欣榮（2018）。大數據革命與後現代主義。山東科技大學學報：社會科學版，**20**，pp.1-8。

第 九 章

大數據革命和哲學——統計思維面臨的挑戰

┃第一節┃ 大數據革命 ── 新時代的科學發現新範式

　　古希臘畢達哥拉斯主張數是萬物的本原，萬事萬物都是對於數的模仿；他用抽象思維中的數說明具體感官世界的事物，由數學神祕主義引出宗教神祕主義。他開創了西方實在論哲學向理智哲學的轉變（黑格爾語）。

　　兩千多年後的二十一世紀，大數據技術革命也將人類帶向一個新的時代 ── 大數據時代。數據代替了數，成為人們崇仰的新偶像，形成以大數據為核心的準宗教神祕主義。例如：大數據理論家麥爾─荀柏格（奧，Viktor Mayer-Schonberger，1966- ）說：「世界的本質就是數據；一切皆可量化」[1]，知名的五三八民意調查網站（fivethirtyeight.com）的站主西爾弗（美，Nate Silver，1978- ）說：「訊號就是真理」[2] 以及麥克阿瑟天才獎得主與數學軟體 Mathematica 設計人沃爾夫勒姆（英，Stephen Wolfram，1959- ）說：「宇宙的本質是計算，宇宙的一切規律都可以經由簡單程序的反覆計算而獲得」[3] 等。將（大）數據及其中的訊號和計算當成世界的本質，只是主觀的想像、猜測或推理，並無客觀的可驗證性。這種本體論的陳述在二十世紀已經被分析哲學家們認為不具有意義而被拒斥。大數據真正的意義不在於狂妄的上探本體（德國哲學家康德的本體不可知論是較謙卑的選擇）而在於對現象世界認識的界碑的向外巨大推移，在於認識論上的方法學突破，其重要性在於如同圖靈獎得主格雷（美，James Nicholas Gray，1944-2007）所言：「大數據技術帶來了繼經驗科學、理論科學和模擬計算科學後的科學研究第四範式 ── 稱為數據密集型科學研究範式（paradigm）。」[4] 因為大數據離不開計算，例如演算法（為計算統計〔computational

statistics〕、機器學習、數據採礦、人工智能等的前提基礎）、模擬法
（simulation）及雲端計算等，而且兩者皆爲當代的主流顯學，所以
第四範式的核心特徵可以用「大數據計算主義」概括。

　　從海量駁雜數據中尋找數據規律以發現對應的現象世界——自然
世界或者人類社會——的規律是當代的重大課題。據估計，大數據中
絕大多數都是屬於從大紀錄而來的非結構型、半結構型或者異質結構
型數據，這對於傳統上處理從小測量而來的結構型數據的機率和統計
思維和方法形成嚴峻的挑戰。顯然地，大數據思維是要藉由巨量數據
去描述和了解世界，發現和解決問題以及預測未來；它必定是辯證地
繼承和發展（繼承中有揚棄、發展中有保留）機率和統計思維，也必
定是新理性思維中不可缺少的核心成分。換個角度看，統計思維要成
功地回應大數據的挑戰，就必定要「在研究範圍（對象）和分析方法
上不斷擴展。…… 數據導向的、基於演算法的數據分析方法成爲電
算機時代統計學發展無法迴避的一個重要趨勢」[5]。

　　大數據的特徵一般是以 4V：Volume、Variety、Velocity、Veracity
表示之，亦即，數據量巨大（處理起來計算量龐大），數據種類駁雜
多樣，數據蒐集、儲存、處理及傳輸速度快（多須自動化處理——利
用機器學習、雲端計算到人工智能等技術），數據真實性及準確性可
疑（含有雜訊、錯誤及模糊性）；有人用大、雜、快、疑這四個字來
加以概括[6]。從大數據特徵的描述中可以知道：在理性思維方面，除
了繼承和發展機率和統計思維，大數據思維還必須融入計算思維及複
雜性思維——這三類相異卻又內在相聯繫思維方式的有機整合和辯證
統一是其發展的必然方向；在非理性感性方面，除了繼承機率和統計
所包含的非理性感性因素，還必須融入具有後現代主義色彩的一些因
素諸如雜多性、模糊性、混亂性、非結構性、碎片性及離散性等。

|第二節| 大數據哲學──尋找相關性、以預測爲主

以下從本體論、認識論與方法學、價值論、倫理學等幾個不同的面向淺論大數據中的哲學問題[7]：

一、本體論

由測量、計算、紀錄等獲得的海量數據包括文字、圖像、音頻、視頻、數字等，雖然其中許多是由智能終端設備或者網際網路自動生成和記錄，但是從源頭看，都是人類心智直接或者間接的產物，是人造符號，代表人類對於世界的觀測、感受、描述、理解和意見等，並非世界本身。借用莎士比亞在「哈姆雷特」之名句：

「天地之複雜奇妙，遠超過你的大數據所能想像。」

（將原句之「哲學」換成「大數據」。）波普爾將世界三分[8]：世界一爲客觀的物質；世界二爲主觀的精神；世界三爲精神的產物，即思想的內容及其載體──抽象的和具象的──如語言、理論、難題、信息、書、藝術品、工具、房屋、武器及所有的高科技軟硬體等人造產品，亦爲一客觀世界。大數據及其載體構成世界三的核心本質甚至在某種意義上是其全部，具有某種程度的自主性和客觀實在性，會反饋回來巨大地影響真實的世界一和世界二：客觀的物質世界和主觀的精神世界。

二、認識論與方法學[9]

大數據時代的認識論可以稱為大數據的經驗論（big data empiricism）[10、11、12]。在此簡述其科學發現新模式、歸納法、思維特徵以及數據視覺化：

（一）科學發現新模式 —— 大數據計算主義

麥爾—荀柏格說：「大數據正在改變我們的生活及理解世界的方式，成為新發明和新服務的源泉，而更多的改變正蓄勢待發。」[13] 其中最根本的一個改變就是科學研究的邏輯起點的改變。認識的起點從傳統的邏輯實證主義的觀點：「科學研究始於觀察」或者批判理性主義[14] 的觀點：「科學研究始於問題」逐漸轉變為大數據計算主義的觀點：「科學研究始於數據」，亦即，經由發現數據世界的數據規律進而發現對應的現實世界的科學規律；而許多科學工作者也轉變為「數據挖掘者」，其最重要的工作是利用各種現代資訊技術和軟硬體工具，例如計算統計、雲端計算和數據採礦等工具，直接從混雜、原始、粗糙的大數據裡淘金，尋找其中所隱藏的各種祕密[15]，進而發現各種各樣的科學新知識；大數據成為科學新發現的源泉。

（二）大數據歸納法

傳統的理論驅動（theory-driven）或假說驅動（hypothesis-driven）的建模過程是以演繹思維為主導，它根據主題背景知識而先「建構假說和模型，然後用以數據為基礎的實驗和樣本來檢驗它們」[16]。大數據認識論 —— 可以稱為大數據經驗論 —— 主要是沿著統計經驗論的認識道路發展。大數據歸納法是以統計歸納思維為主導，而輔之以計算科學演算法（如機器學習包括：類神經網路〔artificial neural network〕、基於模糊規則之系統〔fuzzy rule-based system〕、混沌動力系統〔chaotic dynamical system〕、支持向量機〔support vector machine〕、基因演算法〔genetic algorithm〕等），其主要原則是要讓數據發聲[17、18]。對於海量駁雜的數據，首先要進行數據預處理，包括如數據清理（data cleansing）、數據集成（data integration）、數據轉換（data transformation）、數據約簡（data reduction）等。所有預處理過後的數據形成了數據倉庫；然後視需要從該倉庫中選取出某些子數據集，並且使用數據驅動的建模方式（data-driven modelling），不預設任何假說，避免任何理論汙染；亦即，並非以一個對於數據模型的主導的理論假設為起點而開展，而是直接在該些子數據集中使用統計方法（如集群〔cluster〕、分類〔classification〕、相關〔correlation〕、迴歸〔regression〕、降維〔dimsnsion reduction〕與時間序列〔time series〕分析等）、數據採礦、機器學習與雲端計算等尋找潛在的樣式、關聯（association）、模型、規律和趨勢；最後用數據的相關性、模糊性和宏觀性描述過去和預測未來。當然，隨著動態數據的不斷更新，數據驅動模型亦可相應地作即時的學習和更新，繼續不斷地求精、求進步。

（三）大數據思維特徵

包括：

(1) 樣本約等於全體（母體）、全體代替部分、雜亂（messy）代替精確、相關代替因果、「正是這樣」代替「為何這樣」[19]（即「知其然」代替「知其所以然」）。

(2) 因為相關關係已經足夠，所以大數據使人不再需要理論，不再需要科學的方法，甚至可能是許多科學理論的終結者[20]，例如：認知科學變成認知計算學；社會科學變成計算社會科學等。

(3) 由於大數據思維不追求（或至少不直接追求）因果性、結構性與統一性，又貶斥理論性與中心性，故而呈現出後現代思維色彩。

（四）大數據視覺化

　　將數據作靜態的或者動態的視覺化處理在大數據的方法學裡亦占有一席之地。它主要是傳統的統計繪圖（statistical graphics）和電算機繪圖（computer graphics）在大數據時代的互相匯合與進階發展。它訴諸於左腦而輔之以右腦、訴諸於理性而輔之以感性；是科學和藝術彼此統一、求眞和逐美相互結合的產物。將大數據作適度合宜、精確有效又設計美好的視覺化或者圖像化處理，有助於認識數據的隱藏結構、數據的描述和分析、模型的建構和預測、離群值（outlier）和錯誤的偵測等；而且在人際互動時，有利於大數據的模型、規律和趨勢的展示、溝通、理解、記憶及傳播等。

三、價值論

　　「數據即力量」可以用來概括當今二十一世紀的時代精神（代替法蘭西斯・培根十七世紀的「知識即力量」）。麥爾—荀柏格說：「大數據是未來，是新的油田、金礦。」[21] 中國大數據專家涂子沛（1973-）說：「得數據者得天下；數據是土壤，是新經濟的土壤、未來智能社會的土壤。」[22] 大數據的原始用途與延伸用途加在一起，具有記錄符號、認知、政治、國家安全（「數據即武器」）、經濟（工業、商業、農業、服務業）、社會、教學教育、科學研究、醫療保健和公共衛生等多種領域的價值，又可以交叉而且重複地使用，是一種具有永續性的資源、資產和財富。

（一）大數據是人工智能、管理、決策、創新的基礎

　　大數據技術是當前第二波人工智能的基礎技術 [23]，人工智能能夠作出精準的預測主要是由於能夠蒐集到巨量的數據，並且運用大數據技術——如統計演算、機器學習（包括深層學習〔deep learning〕、

遷移學習〔transfer learning〕、深層強化學習〔deep reinforcement learning〕等）與數據驅動的建模等——迅快地從巨量數據中學習規律、將數據轉化成信息，而作出最佳預測。再者，運用大數據來制定戰略和進行管理能夠讓資源的配置趨近於最佳化；運用大數據來輔助決策能夠大量減少錯誤和不確定性（信息是一種獲得新知識或者減少不確定性——即減少所謂「信息熵」——的東西[24]）；運用大數據來引導創新能夠使新觀念、新方法立基於大量客觀實證的事實，而非主觀臆測。

（二）大數據擴展人的有限理性

諾貝爾經濟學獎及圖靈獎得主西蒙（美，Herbert Alexander Simon，1916-2001，漢名為司馬賀）主張，在現實生活中，人類的理性是有限的——稱為有限理性或者限制理性（bounded rationality）——是介於完全理性與完全非理性這兩者之間，「因此所有的決策都是基於有限理性的結果；但是如果能夠利用存儲在計算機裡的信息來輔助決策，人類理性的範圍將會擴大，決策的質量就能提高。」[25] 換言之，如果能夠充分有效地利用大數據中的信息，就可以使人類的有限理性比較接近於完全理性，而作出比較令人滿意的決策。

（三）大數據具有新的歷史和文化意義

(1) 人類歷史研究的寶庫（歷史的數據化）：涂子沛說：「從今以後，所有的歷史紀錄，無論是文字、圖像、音頻、視頻、數字，都將以數據的形式存在，歷史將是動態的數據，數據是靜態的歷史，歷史的碎片，就是游離的數據，歷史的迷霧，就是模糊的數據，歷史的盲點，就是缺失的數據。」[26] 未來，從達官顯要到販夫走卒的大部分生活歷史將以數據的形式而留存，因而歷史將不再因為普通凡人資料的

稀少而如卡萊爾（英，Thomas Carlyle，1795-1881）所言，只是少
數英雄偉人的傳記以及少數附隨的特權階層的紀錄——其中充滿了歷
史學家的想像、虛構和偏見。今後，歷史將成爲眞實的歷史，是所有
人類的傳記，小人物們將活生生地穿梭活躍於歷史舞臺上，群眾的歡
笑、嘆息、哭喊、咆哮將眞實地從歷史的深處傳出，歷史學家可以運
用大數據技術對之作出相對客觀地重新建構，給歷史予以全面深入的
描述和解釋。甚且，對於歷史哲學上一些重要問題的研究，諸如：人
類歷史進程是否有方向性、目的性、規律性、必然性？歷史是否會終
結？歷史事件如何理解和解釋？歷史事件之間的關聯性、或然因果性
如何建立？等等問題，似乎都可以藉著運用大數據技術對於數據化的
歷史紀錄作分析、演算、建模、解釋、預測等而獲得進展。

　　(2) 人類文化研究的寶庫（網際網路世界——新型精神墳場）：幾
萬年來，幾百億到幾千億的無名古人消失於黑暗的歷史深處[27]，未曾
留下任何行爲數據，即個人生活和心靈活動等紀錄，是歷史的遺憾。
今後，網際網路世界——由例如部落格或博客（blog）、社交網路（如
臉書〔facebook〕、推特〔Twitter〕、英斯特格拉姆〔Instagram〕等）、
搜尋瀏覽、網路交易、位置、生理病理紀錄等巨量數據構成的世
界——可以視爲人們生前的精神大舞臺和逝後的精神大墳場，它是一
種智能時代的新型大墳場；相對於短暫的肉體墳場而言，它是永恆的
（假設儲存於電算機或者其他儲存裝置內的數據能夠永續傳遞），它
埋葬著幾乎地球上所有逝者的精神遺骸——即生前在網際網路世界留
下的行爲數據。後人可以運用大數據技術去挖掘精神大墳場，以進行
基於全人類行爲數據的歷史、心理、社會、文化等研究，這樣的研究
將是史無前例的，它必然會帶來許多前所未知甚至是超出想像之外的
重要新發現。在此借用複雜網絡（complex network）理論家巴拉巴
西（羅馬尼亞，Albert-László Barabási，1967-）的話來描述其價值：
「大家會看到生命的韻律，會發現人類行爲中更深層次的規律，並確

證這些行為是能夠被探究、被預測，而且無疑是能夠為人所用。」[28]

四、倫理學

大數據時代倫理學的挑戰與問題為隱私權、名譽權、身分權、所有權、規章權（PRIOR：privacy、reputation、identity、ownership、regulation）[29]：

（一）隱私權和身分權

交友網站「美好丘比特」（OkCupid）長期蒐集的大數據揭露了人們以為四下無人時最真實的樣子，發現人們所思、所言、所行都不太一致[30]。它雖然揭露了深層人性和社會生活的虛偽，但是卻也偷窺了許多上網者的隱私。再者，網際網路或智慧手機巨頭如谷歌、臉書、亞馬遜（Amazon）和蘋果（Apple）等建構並掌控了一個所謂穿越時空的「數位圓形監獄」[31]——是現代數位版的效益主義者邊沁的圓形監獄——可以隨時偷窺、監視、追蹤全球各地上網者的一舉一動，但是上網者卻無從得知自己是否正在遭到監視；「在這樁巨大的監控行為背後，大數據企業與美國情報單位之間存有祕密協議，透過分享海量資訊的結盟互利關係，逐步成為前所未有不受時空地域、自然環境、文化、政治框限的複合式新獨裁，掌握一切發話權。這股突變的寡頭式力量，於全球各處散播生根，妄想重組、暗控人類文明」[32]，這就形成所謂的「數位利維坦」——是現代數位版的耶經（Bible）（見第二章註釋4）裡的海中怪獸「利維坦」（被近代英國哲學家霍布士用來比擬強大的國家機器，其公民就是其中微不足道的小齒輪）——使上網者逐漸失去個人隱私、尊嚴和自主自由，讓威權系統變得更加堅不可摧。

舉例言之，美國國家安全局（National Security Agency, NSA）

前職員史諾登（美，Edward Joseph Snowden，1983-）於 2013 年揭發披露了該局監控全世界網際網路活動的電子監聽專案「稜鏡計畫」（PRISM）──參與合作者包括了幾乎所有的網際網路巨頭如谷歌、臉書、雅虎（Yahoo）、YouTube、Skype、微軟（Microsoft）及蘋果等──的祕密文件，他說：「美國政府利用他們正在祕密建造的這一個龐大監視機器摧毀隱私、網際網路自由和世界各地人們的基本自由的行為讓他良心不安。」[33] 再如，一身都是膽的亞桑傑（澳，Julian Paul Assange，1971-，於 2019 年遭到逮捕）經由他建立的網際網路媒體維基解密（WikiLeaks）披露，美國國家安全局曾陸續竊聽三位法國總統席哈克（Jacques Chirac, 1932-2019）、薩科吉（Nicolas Sarközy, 1955-）、歐蘭德（François Hollande, 1954-）；也曾監聽巴西總統羅塞芙（Dilma Rousseff, 1947-）及其助理、祕書、幕僚長、專機和總統府；又曾暗中監聽日本的政壇大佬、銀行總裁以及包括三菱集團在內的大型財團等 [34]。又如，美國政府於 2018 年 12 月藉加拿大之手逮捕了中國大陸華為（HuaWei）企業首席財務長孟晚舟（1972-），使用不光明的手段，圖謀在全世界圍堵華為企業、將之摧毀。美國在表面上是爭奪 5G 高速網路通訊設備的市場與經濟利益，但是在本質上卻是防堵中國大陸在數位版圖崛起而與之逐鹿爭雄。美國若失敗，其數位大帝國的監控能力與監控範圍將巨大萎縮，「數位利維坦」在全球網際網路世界的恣意妄為、橫行霸道的獨裁地位亦將搖搖墜落。

　　上述的事例引出了幾個重要的問題如：如何逃離「數位圓形監獄」的監視追蹤、突破「數位利維坦」的暗中掌控利用，使上網者的身分隱私和自主自由能夠得到保障？在數據開放和隱私保護之間如何找到恰當的平衡？如何避免數位世界獨裁以確保數位世界的民主、平等、公平、正義？個人是否擁有被遺忘權（註：歐盟〔European Union〕已經於 2016 年對於該權立法，於 2018 年正式施行）和刪除

權以永久抹去過去留在網際網路世界裡的數位記憶？如何避免前述兩權被有權有勢者濫用？前述兩權與網際網路自由權的衝突如何解決？等等。

(二) 名譽權

　　網際網路世界的匿名性、非現實性、無中央權威，使人可以言所欲言，而且基本上不需要負任何責任，雖然有利於溝通，卻也讓網際網路變得十分駭人[35]。與人名譽相關的問題包括例如：如何防止數據濫用？如何避免網際網路謠言、歧視、侮辱、毀謗、霸凌、仇恨和傷害？如何平衡人的自由與責任？個人如果在沒有人為干預下的自動化決策過程中權益被侵害，例如受到歧視或者不公平待遇時，是否有權利要求對方對於他們所使用的機器學習的演算法給一個解釋（right for explanation）（註：歐盟已經於 2016 年對於該「解釋權」立法，於 2018 年正式施行）？等等。

(三) 所有權和規章權

　　與所有權或規章權相關的問題包括例如：數據所有權或主控權屬於誰？是屬於數據生產者（或數據主體）、蒐集處理者抑或是儲存者？數據遺產由誰繼承？數據垃圾由誰清理？是否應該透過立法訂定有關大數據倫理之規章？跨國際大數據倫理規章應該由何種國際組織訂定？等等。值得一提的是，2018 年 5 月「歐盟一般數據保護規章」（general data protection regulation, GDPR）正式施行，它不僅適用於歐盟內部，而且也適用於全球所有直接或間接地涉及歐盟人民的個人數據——其涵蓋範圍甚廣，除了一般的個人身分數據（personal identity information）以及敏感數據（sensitive information）如種族、政治意見、宗教或哲學信仰、健康、性生活、性傾向、基因數據、生物特徵數據等，還包含甚至如個人瀏覽器的 Cookies 數據、電算

機的 IP（Internet Protocol，網際網路協定）位址數據、GPS（Global Positioning System，全球衛星定位系統）的位置數據等，違規者將被歐盟處以極高之罰款。它的立意是要將個人數據的所有權、主控權從「數位利維坦」及其附隨者的手中奪回來，歸屬於數據主體——個人，庶幾使個人能夠逃離「數位圓形監獄」天羅地網般的監視追蹤；從而在數位世界中捍衛住個人主義、自由主義的基本精神和價值。該規章不僅要嚴格保護上網者的自主權、自由權、隱私權和名譽權，而且也替數據的所有權和規章權樹立了一個十分重要的典範。

▌第三節▌ 大數據方法學面臨的挑戰與未來展望

一、認識論與方法學的評論

在此對大數據認識論與方法學略作評論。從前述的歸納法及思維特徵中所謂「宏觀性、模糊性、全體代替部分、雜亂代替精確、相關代替因果」等除了可以看出後現代思維的影響，更可以看出複雜性思維對於大數據思維的影響。對此進一步的闡述包括如：「從本質上來說，大數據主義與後現代主義具有極大的相似性。……但是後現代主義更多地主張去破壞一個舊世界，而大數據技術則用智能感知、互聯網、雲端計算等新技術去重建一個新世界。……大數據主義在一定程度上實現了對後現代主義的超越，更像建設性的後現代主義」[36]、「大數據方法更加著眼於整體，強調複雜性、系統性，其分析邏輯與基於簡單性、還原論（或化約論）思維的傳統量化分析方法迥然不同」[37] 和「複雜性科學與大數據技術在世界觀、認識論和方法論諸多方面是相通的，皆屬於同一科學範式之中」[38] 等。

（一）對「相關代替因果」的評論

前述思維特徵中所謂「樣本約等於母體」常常僅是對大數據的一種幻想或者假設，而非現實[39]，在許多情況下，樣本離母體還差得很遠——甚至是永遠難以逾越的差距。再者，所謂「相關代替因果」以及「正是這樣」代替「爲何這樣」（即「知其然」代替「知其所以然」）並不可能。正如同古希臘哲學家德謨克里特的名言：「只找到一個原因的解釋，也比成爲波斯人的王還好」[40] 所揭示的：追求原因的解釋從而建立（或然）因果規律是人的一種天性，是知識不斷進步發展的動力與基礎。大數據歸納法必須超越相關性，相關性只是認識的初步，雖然它是複雜性理論中關聯性的具體體現、複雜性情況下當前演算技術水平所能及的宏觀關係的反映、相對於專家的主觀意見通常具有比較高的客觀性，但是，它並不具有眞正可信、有效的預測力。大數據歸納法不能滿足於找到相關性，不論在技術上多麼困難，它必須繼續向前發展，直到掌握了或然因果律才算完成了認識——內在的、本質性的、必然性的（即高或然性的）認識，才有較爲堅實的描述、了解與預測的基礎。換個角度看，強調相關性以及在現實上快速的應用是要「速求其用」，強調或然因果性以及對背後機制深刻的理解和解釋是要「漸求其眞」，大數據思維必須要從側重「急功近利」漸漸轉向到側重「問實求眞」——而這也正是機率和統計以及所有科學的基本思維觀。

（二）對「理論的終結」的評論

至於前述思維特徵中，大數據理論家安德森（英，Chris Anderson，1961-，曾任連線雜誌 *Wired* 主編，以《長尾理論》一書著稱[41]）所宣告的「理論的終結」[42]，表面上是對於一切理論的價值的懷疑或解構，但是事實上它卻毫無懷疑精神或解構精神，而是一種新的大數據智能高科技中心主義，是對於大數據智能高科技的信仰的

獨斷。古希臘智者派的懷疑主義、相對主義基本上是要解構理論，例如普羅泰戈拉說：「一切皆相對，任何理論皆有與其對立之理論，而且兩者皆爲眞」及「事物對於你就是你感覺的那個樣子，對於我就是我感覺的那個樣子」，將理論的客觀絕對性完全轉化爲主觀相對性，因而「一切理論皆爲眞」；高爾吉亞（Gorgias，約前 483 ─前 375）說：「無物存在；即使有物存在，也無法認識；即使認識，也無法告訴他人」，對於萬物的存在性以及存在、思維、語言三者同一性完全懷疑或否定，因而「一切理論皆爲假」。近代英國經驗論哲學家休謨，如前所述，認爲一切的客觀因果關係都是既無普遍性也無必然性[43]，只是一種主觀心理的習慣聯想，或者一種主觀思維方式；他將懷疑精神發揚到極致，澈底地顚覆了理論的客觀性。上述三人都是從普遍懷疑出發，而以打破獨斷論爲目的。然而，相對主義和懷疑主義推論到底都會陷入自我予盾或者悖論，例如普羅泰戈拉「一切皆相對」會陷入絕對的相對主義的自我予盾；再如，在休謨問題中，若將「主觀心理的習慣聯想」當作因，把「客觀因果關係」當作果，則休謨即是在主張一種必然的客觀因果關係，而陷入自我矛盾。安德森的「理論的終結」基本上是出自於對「大數據驅動建模」的歌頌崇揚，它是從獨斷論出發，代表智能高科技主義者的一種典型態度，認爲經由極大的電算機集群對於海量數據「自動」進行超量的計算（演算法）是發現和解決一切問題的最佳途徑──只要將海量數據輸入某一個智能「數學統計模型或演算法黑箱」，讓黑箱「自動」進行超量的計算，完成後它會將需要的結果輸出，即建構出（輸入）變量和（輸出）變量之間關係的模型，據此就可發現和解決問題。具體的說，安德森的主要觀點是指「數據驅動」的方法──依賴於運用極大的電算機集群對大數據的超量計算（如雲端計算）和歸納法──所「自動」產生的模型，在描述和理解世界以及預測未來方面，可以完全取代傳統的「理論驅動」的方法──依賴於專家（群）的觀察、知識、智慧、想像

力、理論假設、演繹法和經驗檢驗以證實或證僞——所建構的模型。這代表大數據計算主義者或者智能高科技主義者對於自己理論和方法的客觀優越性的盲目信仰，是一種缺乏有效論證、缺乏說服力的教條獨斷與輕狂。

　　更何況，所謂「數據驅動的建模方式」可以說是一種名詞的玩弄，數據自身不會「自動」地去驅動，在本質源頭上，是人們依照觀察到的數據的特性去驅動（或許稱之爲「數據主導的建模方式」〔data-guided modelling〕較爲恰當）。事實上，在「數據驅動的建模」過程中，在「數學統計模型或演算法黑箱」中進行的每一步都有一些已經被專家們建立的數學、機率統計或者計算科學的理論（可統稱爲支持理論）在指導或者驅動，而且也有一些不同的演算法可供選擇，也就是說，沒有一步可以離開由專家們所建構的支持理論或者主觀選擇；況且，許多支持理論和演算法是經由傳統（如數學、物理、生物、遺傳演化等）的理論假設和演繹思維而建立。因此，「數據驅動的建模」是奠基於黑箱中許多傳統的科學方法所帶來的理論知識及制約之上。所以，前者不但不會使後者過時（obsolete）或終結掉後者，反而格外地突顯出後者對於前者從頭到尾的控制以及後者的重要性。最後，從純粹語意的角度看，「理論的終結」自身即是一個理論[44]，與其內容自相矛盾；它是從絕對的獨斷論出發，卻和懷疑主義與相對主義一樣陷入了悖論；它本來可能是想要終結一切其他的理論，達到唯我獨尊，但是結果它卻只終結了它自身。

二、現況、挑戰與未來展望

　　雖然大數據驅動的建模並非自動亦非萬能，而且其意義與價值又被大數據理論家們過度誇大頌揚以致於失眞；但是，在對於複雜的現象世界的探索上，其重要性卻絕對不能被低估，簡略闡述如下：由於

大數據本身的高度複雜性，人們通常對於產生大數據背後的機制缺乏
了解或者沒有足夠的知識去掌握，在這種情況下，用數據驅動的方法
建立模型——憑藉數學統計與演算法的理性嚴密邏輯和大數據本身的
客觀性——是一個頗為合理有效，甚至唯一的選擇；它提供了初步的
具有價值和應用性的信息，例如可以運用變量間的相關性對未來作初
步預測；但是，更重要的是，它提供了進一步尋找更佳模型的起點，
並且提供了在無知中向前探索的方向；這是大數據驅動建模的重要價
值與意義，在這個意義上，它促進了對現象世界認識的界碑的向外巨
大推移。

　　有關建模的進一步探索，目前的趨勢是將不同的模型連接或
者結合起來（linking or combination of models）包括例如集成模
型（integrated model）、模塊模型（modular model）、互補模型
（complementary model）以及混合模型（hybrid model）——尋找從
不同範式所產生的不同型態的模型的某種極優化的結合，即尋找某種
極優化的混合模型 [45] 等。未來，在大多數情形下，從不斷的探索中
累積了足夠的信息、知識和實踐經驗後，專家群將可以據之提出新的
假說，並且以傳統的理論驅動方式去建立可靠的模型。這個新模型可
以稱為「數據─知識模型」，將結合前述黑箱內所有支持理論所產生
的數據驅動模型、連結或者結合模型以及專家群根據這些探索模型所
累積的主題知識和實踐經驗——加上其專業知識、智慧、想像力——
而創造出來的黑箱外新的具有主導理論的模型，是多種理論和實踐的
結合和統一，所以將能夠實現相當高的理論和智能水平，對於現象世
界可以提供足夠深刻的理解和解釋，並且在相當程度內掌握到或然因
果規律。

　　以上即是未來大數據要從相關性認識發展到或然因果性認識的必
經過程，其關鍵是在於要將數據驅動建模與理論驅動建模、簡單模型
與複雜模型作有機的結合和辯證的統一，這樣才可能實現建模水平的

大幅提升。最後附帶一提的是，所有的理論或模型都僅是過渡，是通往更高理論的橋梁，理論永遠在向前發展，最高的終極理論或模型是不存在的；任何所謂掌握到絕對的、超越時空限制的終極理論或者最高真理的主張，都只會淪為非理性的教條獨斷或者盲目狂熱的信仰。

　　從實踐的角度看，目前大數據在「預測未來」上遇到了不少困難，舉例言之，GFT（Google Flu Trends，谷歌流感趨勢）[46] 從 2012 到 2014 連續三年對於 H1N1 流行性感冒發生率的預測都過高，以及微軟的人工智能預測引擎 Bing Predicts 和五三八民意調查網站的站主西爾弗在 2016 年對於美國總統大選預測：「希拉蕊（Hillary Clinton, 1947-）會勝過川普（Donald Trump, 1946-）而當選總統」的大失準 [47] 都說明了目前大數據方法學上的問題。事實上，GFT 是因為過度簡化的線性迴歸相關性模型、流感相關搜尋關鍵字的定義——即變量的選擇——的模糊性，以及媒體效應導致流感相關字搜尋熱度大幅提高而失敗；Bing Predicts 是因為蒐集大數據過程中過大的抽樣偏誤（sampling bias）而失敗；至於西爾弗則可能是因為厭惡川普而產生了確認偏誤（confirmation bias），從而系統性地低估了包括幾個關鍵州在內的中低教育的白人階層——所謂關鍵性的隱性選民——支持川普的機率而失敗（但他本人從不承認預測失敗）。值得一提的是，GFT 於 2015 年已經被 GFT 團隊宣告停止使用，而統計學術界業已發展出一些模型和方法能夠改進 GFT 預測值過高的這個問題，例如，ARGO（AutoRegression with GOogle search data）[48] 引入了「自迴歸時間序列加上季節調整」（autoregressive time series with seasonal adjustment）和「隱藏馬可夫結構」（hidden Markov structure）的模型和方法，對於流感發生率有相當精確及高相對效率（relative efficiency）的預測結果。

　　以數據產生的速度來看，今天的大數據明天就會被視為小數據。大數據世界及其中潛藏的全部規律，不論多麼複雜浩瀚，和無涯的現

象世界之間有一條永遠難以逾越的巨大鴻溝，這條鴻溝規定了大數據認識的極限。大數據不論如何快速地、爆炸式地增長，相對於現象世界而言，卻永遠只是微不足道的「小數據」，其方法學和統計歸納法在基本精神上並無太大不同，都永遠是「以小見大」、「部分窺整體」、「有限探無限」，兩者的差異只是由於在「小」、「部分」、「有限」的內容、程度、隨機性、複雜性和代表性上的不同而造成。統計歸納法所依據的數據樣本雖小，但是因為經過精巧的隨機設計，對於整體有代表性，因而可以應用機率理論對於各種統計推論方法精準地估錯，擇最優者用之，從而獲得關於整體的機率模型的信息以及具有或然因果性和機率統計必然性的知識，是統計和機率計算的結合。對照之下，大數據歸納法所依據的雜亂、多維、非線性或者動態的數據樣本並非經由設計而來，雖然相對來說比較客觀，但是對於整體並不必然有代表性；而且，時常樣本背後的整體並不明確的存在，即使存在──或者如大數據理論家們所鼓吹的：樣本等於整體──其複雜性也太高，又會實時增加變動，因而無法替樣本建立合理的生成機率模型，所以必須代之以超大量的計算，按照數據類型及具體工作目標選擇適當的演算法，以建立模型並且進行分析和預測，是統計和科學計算演算法──其中包括一些探索複雜系統的方法如基因演算法──的結合。

　　當今大數據認識論和方法學基本上仍舊停留在認識的初步──發現數據之間的相關性以作預測；雖然在現實上，當錯誤的風險損失不大時，它具有某些即時便捷的商業性、工業性或者醫學性等的應用價值；但是在理論上，它卻是屬於相對粗淺、錯誤機會頗高的認識預測層次，它所包含的洞察性、知識性和真理性並不很高；這反映出大數據認識論和方法學的發展遭遇到了困難與瓶頸。大數據除了在相關性的度量上近時有一些重要的進展──即所謂最大信息係數（maximal information coefficient, MIC）[49] 的發現──之外，在探索現象世界

的整體技術能力上至今並沒有更深入的、突破性的進展，而且又被一些美麗動聽、催眠洗腦的宣傳口號炒作得失真——所謂「華麗有餘，實質不足」；但是，這些並無損於大數據在本質上是認識世界新方法與科學研究新範式的重要性和價值。大數據的著重描述和預測以及基於小數據的統計的著重推論，這兩者互相補充、相輔相成。它們有機地結合起來，攜手共同向前發展，將構成研究整個數據世界的方法學的核心基礎。

大數據技術是為了從海量駁雜數據裡擷取有意義的信息而目前仍然在繼續發展的新技術。當今大數據的理論、方法和技術離成熟還有相當的距離，它們雖然在表面上顯得琳瑯滿目、熱鬧非凡，但是在事實上卻缺乏宏偉嚴謹的整體結構，缺乏一氣呵成的整體氣勢，缺乏融會貫通、學術莊嚴的整體氣象。未來它們必須融入更多的數學（包括複雜系統）、機率和統計以及電算機科學的理論、方法和技術——這些是所謂「數據科學」（Data Science）的核心基礎。如何從海量駁雜的大數據中尋找到機率和統計必然性、或然因果規律、客觀知識和和真理？如何將大數據理性以及機率和統計理性這兩者融合統一而成為一種圓融的「數據科學理性」（參見第七章第二節）？這些問題將不斷地困擾、誘惑著人們，挑戰人們的智慧。

▌第四節 ▌ 大數據與人工智能世界中人類的沉淪和異化

一、外在及內在皆被異化的雙重危機

在大數據時代，每個人都是數據的生產者和消費者。由於大數據世界極端豐富，涵蓋人類最理性與最高貴的到最非理性與最卑賤的之

間的所有事物，充滿了各類吸引力，使人難以抗拒地生活和沉醉於其中，視其爲眞實的甚至唯一有意義的世界──此即大數據世界的虛擬實在性，如黑洞般涵藏著致命的吸引力；「靈魂落腳於數據」、「數據是存在的寓所」[50] 是這種狀況的寫照。大數據世界會不斷快速增大，使虛擬世界和眞實世界彼此互相滲透，界限模糊不分，最後會使眞實世界──包括世界一（物質世界）和世界二（精神世界）──淪爲無甚意義的虛幻。

如前所述，大數據思維是要結合機率和統計思維、計算思維、複雜性思維及後現代解構思維，這個結合的過程尚未完成而仍在發展，卻已經激蕩出有用的新方法和技術。雖然大數據技術是人類理性融合了非理性反理性中的正面因素之後的勝利；但是，一如所有的科技，它一旦被負面的、赤裸裸的非理性反道德的力量（如自私、貪婪、不擇手段地追逐權勢財富）掌控後卻可能造成人類新形式的異化、沉淪和災難。現在從宏觀的政治、經濟、社會等方面與微觀的生活、心理、情感等方面分別論之。

首先，從宏觀的角度看，大數據被政府（尤其是美國）、政客、智能高科技巨頭與全世界大小企業的掌控利用，形成了統治全球的數據大帝國，無所不在的對人類進行評估、推銷、洗腦、監控，地球淪落成爲一個數據大監獄，「一切都掉入規劃和計算，組織和自動化的強制之中」（海德格語），個人在天地之間幾乎無處可逃，此情景恰如源自美國拳王路易斯（Joe Louis, 1914-1981）的名言所描述：「你可以逃跑，卻無處可以躲藏（You can run, but you can't hide）。」數據科學家歐尼爾（美，Cathy O'Neil，1972-）認爲政府和企業爲了追求最高效率或者利潤，而非爲了公平正義，使用多種的黑箱數學模型和演算法來分析每人動態的行爲數據流，用分析的結果去掌控每人的生活和重要決定。它不僅是黑箱、不透明、不受管制，而且可能充滿偏見、強化歧視、劫貧濟富、擴大不平等，甚至撕裂社會、威脅民主、

造成人類文明的崩潰。歐尼爾稱大數據為這個時代的「數學毀滅性武器」，是一種「最安靜的恐怖主義」[51]。歷史學家哈拉瑞（以色列，Yuval Noah Harari，1976-）針對大數據和人工智能的快速發展提出「數據主義」（Dataism）和「神人（Homo Deus）統治論」的猜測和警告：宇宙是由數據流組成（這主張和信息哲學「宇宙本體即是信息流」的主張前後呼應貫通），有機體是許多不同生化演算法的組合，生命就是進行數據處理的數據流；任何現象或者實體的價值取決於對數據處理的貢獻；未來，決定權將從人類手中轉移到具有更高價值的神人 —— 本身雖無意識但卻具備高度智能的演算法或者生物工程的超人，其處理數據的能力遠超過人類的大腦 —— 手中；隨著神人將大多數的人排擠出就業市場，財富和權力將集中在擁有神人的極少數人手中，造成十分巨大的政治、經濟及社會的不平等[52]。上述的歐尼爾與哈拉瑞的言論或許是過度誇大；但是，大數據技術及人工智能使人在宏觀上及外在上異化成為數據及演算法之奴 —— 或者成為控制數據及演算法者之奴，卻似乎將逐漸成為事實。

　　其次，從微觀的角度看，人的危險在於無法自拔地沉迷於網際網路大數據即影音圖文等的世界，而失去在真實世界認真勇敢生活的能力；對真實世界活生生的人和事基本上逃避畏懼、意興索然、冷漠寡情，但在虛擬世界卻主動大方、活躍放肆、熱情洋溢，用網際網路世界虛擬的熱鬧、聯繫、交際和關係代替孤獨、隔離、無助和絕望的真實的自己。在網際網路世界中，人人都想要忘記憂煩、忘記時空、忘記自己，突破常軌、道德、禁忌，不斷地尋找陌生新奇、官能刺激、怪誕冒險、視聽娛樂、獵艷愛情或信息知識（常常不辨其真假的輕信盲從）等；每人都是獵者也是獵物，是釣者也是被釣者，是騙者也是被騙者，是估價者也是被估價者。大數據網際網路是二十一世紀新型的「精神的舞臺」與「精神的鴉片」，上網搜索就是「道路、真理、生命」[53]的尋獲，上網瀏覽、留言或交友就是「我來、我看、我要征

服」[54] 的宣告；人陶醉沉迷於網際網路美麗新世界，欣喜於「我搜索所以我知道」[55]、「我瀏覽所以我快樂」、「我留言所以我存在」、「我交友所以我希望」。人愈是在網際網路生活中成功地逃避孤獨、逃避自己和逃避自由，就愈是在真實生活中失去了經由孤獨、自由、沉思淬鍊出的深刻、成熟和智慧；每人都遠離自己真實的人生，成為自己的陌生人，成為真實世界的陌生客，迷醉於網際網路無所不包、無遠弗屆的神奇幻境裡，沉陷在比真實世界更真實的虛擬世界中。

　　再者，雖然在決策層次，使用大數據技術去挖掘大數據中的信息可以拓展人的有限理性（參見前述的價值論）；但是，弔詭的是，在生活層次，個人若過度依賴網際網路大數據及電算機軟硬體，則抽象理性思維能力卻似乎會倒退。電算機的計算與演算法暴力（brutal force）取代人腦的想像、創新、抽象思維，使後者逐漸退化；再加上長期日夜在網際網路上用簡語、符號（火星文）、圖像、音頻、視頻或電子遊戲和人們交流（上網聊天打屁玩電動），導致理性和信息的碎片化甚至虛假化[56]，網路公民因而變得日趨稚萌淺薄、無聊無趣，語言表達能力也跟著退化；網民當面「在場」的口舌交談變得日愈單調拙笨、表達殘缺、索然無味，又發音古怪、抑揚頓挫錯亂，而暗中「在線」的手指卻變得日愈粗大有力卻又靈活巧妙，整天都在不停地觸碰螢幕、滑鼠或在鍵盤上鏗鏘敲響。哲學家趙林（中，1954-）感嘆人類經過幾十萬年努力才從形象思維（imagery thinking）進展到抽象思維，但是僅僅經過兩三代人，卻又從抽象思維倒退回形象思維[57]。人類的抽象理性似乎被非理性非邏輯的力量遮蔽而倒退。如是，在大數據技術和人工智能攜手征服世界的歡呼聲中，人類在微觀上及內在上也異化成為網際網路大數據和演算法之奴；正是：「數據如同脫韁之馬，手執韁繩和馬鞭的人類無力操控之勢逐漸顯現。……技術構建了人，而人也在技術的包圍中被異化了。」[58]

　　因此，在智能高科技時代，人類面臨外在及內在皆被異化的雙重

危機，一個最嚴肅的問題是：「大數據技術和人工智能聯手起來將帶領人類至於何處？日愈接近於水草豐美之綺麗新天地？或日愈接近於心靈澈底失落、荒蕪和醜陋之境？」

二、向上提升與拯救

　　大數據技術基本上源自理性和高科技，卻常被濫用而服務於非理性與反道德的低俗目的。從辯證法觀之，如果大數據是正題，網際網路及人工智能的負面因素是從大數據內部所產生的與其對立矛盾的反題，那麼一個新的去蕪存菁的合題就代表著前進的方向與目標。在此提出大數據共產主義與大數據真善美主義這兩個前進的方向，簡述如下：

（一）大數據共產主義

　　人類欲向上提升、得到拯救，首先，必須人人在數據前完全平等；各種數據在最大可能的範圍內應該完全公開，使人人都能夠自由地接近並且使用，以避免政客和企業主藉著壟斷數據而圖謀私利、操弄群眾、剝削弱者；在數據上必須「各盡所能，各取所需」，俾能實現大數據世界的共產主義。在這個方向上，例如，斯瓦茨（美，Aaron Swartz，1986-2013）就是一位理想激進的、為了追求信息完全自由而上吊自殺的殉道者；再如，亞桑傑支持信息完全自由，並且為了追求新聞業的「透明公開」與「細緻嚴謹」，用自由言論監管政府和法律，作為實現公正的途徑，而建立了網際網路媒體維基解密，自詡為「照亮陰暗角落的明燈，專門揭發權力過度擴張的政府和企業的腐敗與欺瞞」[59]；他因為長期不懈地追求真相、堅持理想而被美國政府視為眼中釘，遭受到各種各樣的打壓與誤解，以致亡命天涯，鋃鐺下獄。

(二) 大數據真善美主義

其次，必須將巨量的眞善美事物融入大數據世界，俾能實現大數據世界的眞善美主義。例如，使網際網路世界具有巨量的高尚且能淨化、美化、提升人性的數據內涵；再如，由於大數據是人工智能的基礎，所以大數據內涵的提升可以帶動人工智能內涵的提升；必須使人工智能的大數據演算程式──如深層學習──具有學習科學、倫理、藝術的能力；亦即，能夠根據大數據演算法而學習、判斷眞善美，並且追求眞善美（當然，這可能要等到未來第三波人工智能浪潮來臨時[60]才能完全實現）；希冀人人能夠進入「人詩意的棲居於數據中」的既理性又審美的生活情境，而非「人異化成數據之奴」的悲慘情狀裡。

從實踐的角度看，共產主義與眞善美主義在大數據世界的實現比在眞實生活世界的實現較爲容易，因爲前者的實現基本上並不需要訴諸階級鬥爭、暴力革命、戰爭、流血。大數據眞善美主義的實現，因爲和人類厭棄假惡醜的本性相契合，所以遇到的阻力與困難會比較少。至於大數據共產主義的實現，首先，要從實現「大數據無政府主義」入手，其主要方法是創造數位新科技或者運用國際經濟、政治、外交手段去破除美國在全世界的數位霸權，摧毀如前所述的美國政府與智能高科技企業所共同構建的「數位圓形監獄」和「數位利維坦」，使得數位世界不再由任何強權惡霸宰制操控，而成爲無政府的平等自由的理想狀態；其次，要從實現「大數據公有化」入手，其主要方法是先選擇若干與工、商、政界的直接利益較少牽扯、較爲單純的領域，例如學術界或藝術界等，進行大數據公有化──即數據在最大可能的範圍 完全公開、人人共享──的實驗，然後設法從這種實驗當中，找出「私有數據範圍最小化」和「公有數據範圍最大化」這兩者之間的恰當平衡點與界限，以作爲日後在所有的領域實現大數據公有化的參考。

　　最後，如果要澈底地避免異化成為數據和演算法之奴，那麼，人除了在數據世界中存在，也必須要掙脫數據的枷鎖，逃奔天地的盡頭、回歸自然的深處，在非數據無數據的世界中本真地、自由自在地存在，「數據崩解處，有一種存在出現」[61]。所以，在將要淹沒於數據之海之前，快學會游泳吧！快學會逃奔吧！或者，如果能夠，快學會飛翔吧！

註釋

1　參見 Mayer-Schonberger, V. and Cukier, K.（麥爾─荀柏格、庫克耶）（2013）。大數據（林俊宏譯）。天下文化出版社。

2　參見 Silver, N.（西爾弗）（2015）。精準預測（蘇子堯譯）。三采文化出版社。

3　參見 Wolfram, S.（沃爾夫勒姆）（2002）. *A New Kind of Science*. Wolfram Media.

4　參見 Gray, J.（格雷）（2009）. On e-Science: A transformed scientific method. The Fourth Paradigm: Data-intensive Scientific Discovery. *Redmond: Microsoft Research* (Edited by Hey, T., Tansley, S. and Tolle, K.).

5　魏瑾瑞、蔣萍（2014）。數據科學的統計學內涵。統計研究，**31**，pp.3-9。

6　數據「大」、「快」的例子：數據在電算機中儲存容量的單位從小到大為：KB < MB < GB < TB < PB < EB < ZB < YB。其中，1KB = 1,024 Bytes，1MB = 1,024 KB，1GB = 1,024 MB，……，餘類推。在數位化世界，一位成年人的腦記憶容量約為 2.5 PB；在 2011 年，世界最大的圖書館——美國國會圖書館——的藏書量約為 235 TB、全人類在歷史上生產的所有印刷品總量估計約為 200 PB——「谷歌」只需要花 200 小時即可處理完畢，因為「谷歌」所擁有的共 100 餘萬台電算機每天能夠處理的數據總量約為 24 PB[1]。粒子加速器、天文望遠鏡、通訊衛星、傳感器（sensor）網路、超級電算機、醫療影像設備、DNA 測序儀、智能移動終端（如智能手機、筆記本、平板電腦等）、網際網路應用、電算機模擬等設施和活動正在快速產生著海量的數據，幾乎每個學科領域都在經歷著數據爆炸。據

IDC（International Data Corporation）估計全球數據總量大爆炸的規律爲每兩年增加約一倍，該總量在 2011 年估計爲 1.8 ZB；而在 2020 年將達 40 ZB。以上參見：

(i) Pearson, T. (2011). IBM Watson-What's in that 1TB? https://www.ibm.com/developerworks/community/blogs/InsideSystemStorage/entry/ibm_watson_what_s_in_that_1tb3?lang=en

(ii) 國際科技數據委員會中國全國委員會（2014）。大數據時代的科研活動。科學出版社。

(iii)EMC (2012). IDC digital universe study: Big data, bigger digital shadows and biggest growth in the Far East. http://www.whizpr.be/upload/medialab/21/company/Media_Presentation_2012_DigiUniverseFINAL1.pdf

7 參閱黃欣榮（2015）。大數據哲學研究的背景現狀與路徑。哲學動態，**20157**，pp.96-102。

8 Popper, K. (1978). Three worlds. *The Tanner Lecture on Human Values*, pp.144-166.

9 參閱呂乃基（2014）。大數據與認識論。中國軟科學，**9**，pp.34-45。

10 Kitchin, R. (2014). Big Data: New Epistemologies and Paradigm Shifts. *Big Data & Society*, 1, pp.1-12.

11 齊磊磊（2015）。大數據經驗主義。哲學動態，**20157**，pp.89-95。

12 賈向桐（2017）。大數據的新經驗主義進路及其問題。江西社會科學，**12**，pp.5-11。

13 同 1。

14 參見 Popper, K.（波普爾）（2005）。猜想與反駁：科學知識的增長（傅季重等譯）。上海譯文出版社。

15 參見黃欣榮（2015）。數據密集型科學發現及其哲學問題。自然辯證法研究，**11**，pp.48-54。

16 同 10。

17 同 1。

18 數據當然不會發聲。「讓數據發聲」是統計界流行已久的「讓數字說話」

口號的進階版，是愚人愚己的誇張宣傳。統計學家愛德華‧戴明（美，William Edwards Deming，1900-1993）所說的「任何人都必須用數據來說話」〔轉載自 22〕比較平實貼切。

19 同 1。

20 參見 Anderson, C. (2008). End of theory: The data deluge makes the scientific method obsolete. *Wired Magazine*. http://www.wired.com/science/discoveries/magazine/16-07/pb_theory

21 同 1。

22 參見涂子沛（2013）。大數據：數據革命如何改變政府、商業與我們的生活。香港中和出版社。

23 一般說來，第一波人工智能浪潮是指：從上個世紀五〇年代中期直到九〇年代中期以邏輯推理與專家系統為主導的時代。第二波人工智能浪潮是指：從九〇年代中期直到現在（2019 年）以機器學習、類神經網路、機率和統計、大數據、演算法為主導的時代。未來第三波人工智能浪潮的目標是要製造出更為接近人類智能的智能設備——例如擁有類似於人類的自然語言能力以及抽象思維如判斷、推理與創造等能力——而比較接近於強人工智能（strong AI）或通用人工智能（artificial general intelligence, AGI）的目標。

24 Shannon, C. E. (1948). A Mathematical Theory of Communication. *Bell Systems Technical Journal*, **27**, July and October, pp.379-423 and pp.623-656, respectively.

25 同 22。

26 參見涂子沛（2015）。數據之巔：大數據革命，歷史、現實與未來。香港中和出版社。

27 美國人口參考局（Population Reference Bureau, PRB）估計到了 2050 年，地球上總共約有 1,130 億的人曾經活過。參見 T. Kaneda and G. Dupuis (2017). 2017 world population data sheet. Washington, DC: PRB.

28 參見 Barabási, A. L.（巴拉巴西）（2012）。爆發：大數據時代預見未來的新思維（馬慧譯）。中國人民大學出版社。

29 同 7。

30 參見 Rudder, C.（2016）。我們是誰？大數據下的人類行為觀察（林俊宏譯）。馬可孛羅文化出版社。

31 同 1，參閱刪除權。

32 參見 Dugain, M. and Labbé, C.（2018）。裸人：數位新獨裁的世紀密謀，你選擇自甘為奴，還是突圍而出？（翁德明譯）。麥田出版社。

33 CBS News (2013). Man claiming to be NSA whistleblower comes forward. June 12, 2013.

34 維基百科：朱利安‧亞桑傑。https://zh.wikipedia.org/wiki/%E6%9C%B1%E5%88%A9%E5%AE%89%C2%B7%E9%98%BF%E6%A1%91%E5%A5%87

35 同 1。

36 黃欣榮（2018）。大數據革命與後現代主義。山東科技大學學報：社會科學版，**20**，pp.1-8。

37 石英（2017）。從質性研究到大數據方法：超越與回歸。中國社會科學評價，**2**，36-42。

38 黃欣榮（2014）。從複雜性科學到大數據技術。長沙理工大學學報：社會科學版，**2**，5-9。

39 參見 Fung, K. (2013). *Number Sense: How to Use Big Data to Your Advantage*. McGraw-Hill Education, New York.

40 參見陳曉丹（編著）（2015）。世界文化博覽叢書。中國戲劇出版社。

41 Anderson, C.（安德森）（2006）。長尾理論：打破80/20法則的新經濟學（李明等譯）。天下文化出版社。

42 同 20。

43 康德在《純粹理性批判》中提出「人為自然界立法」及「先天綜合判斷」以回應休謨的挑戰；而吾人則以機率和統計必然性回應之，見第八章第二節。

44 黃欣榮（〔2016〕。大數據主義者如何看待理論、因果與規律——兼與齊磊磊博士商榷。理論探索，**6**，pp.33-39）認為按照字面的意思去理解「理論的終結」可能是一種誤讀。但是，若有誤讀，則主要責任應該是在安德森身上，因為，從他論文 [42] 的主標題：「理論的終結」以及內文的一段：「這是一個巨量數據與應用數學取代一切其他可以運用的工具的世界。要

丟掉（out with）從語言學到社會學的一切關於人類行為的理論；要忘掉（forget）生物分類學、本體論和心理學」來看，很明顯地，他對於一切其他的研究工具和方法都充滿輕視，而且對於一切理論的價值——至少在他所列舉的那些學科或者領域內——都以十分嚴厲的措辭全盤否定。

[45] Solomatine, D. et al. (2008). Data-driven modelling: Concepts, approaches and experiences. In *Practical Hydroinformatics: Computational Intelligence and Technological Developments in Water Applications* (Edited by R.J. Abrahart et al.), pp.17-30. Springer Publishing Company.

[46] GFT，始用於 2008 年，利用某地區的人們在谷歌搜尋網際網路上，對於與流行性感冒相關的某些特定關鍵字詞的高頻詢問率，來預測流感在該地區的發生率。

[47] Bing Predicts 在蒐集大數據的階段，可能僅使用微軟自己的瀏覽器 Bing 以及相關的社交網站的數據，因而導致抽樣偏誤較高。西爾弗將貝氏決策理論（Bayesian decision theory）應用於其動態的預測過程中。他根據多種的媒體、民調機構和網際網路所作的總統大選民調數據，加上社會經濟、全國人口分布等數據，進行大數據處理和誤差調整，例如計算多種民調的加權平均數，並且時時調整其權重和貝氏預測值。

[48] Yang, S., Santillana, M. and Kou, S. (2015). Accurate estimation of influenza epidemics using Google search data via ARGO. *Proceedings of the National Academy of Sciences*, **112**, pp.14473-14478.

[49] Reshef, D. N. 和 Reshef, Y. A. 等人（參見 (i)Reshef, D. N. et al. (2011). Detecting novel associations in large data sets. *Science*, **334**, pp.1518-1524. (ii)Reshef, Y. A. et al. (2016). Measuring dependence powerfully and equitably. *Journal of Machine Learning Research*, **17**, pp.1-63.）基於互信息（mutual information）理論，提出兩種度量大數據中的變量之間線性、非線性或者非函數關係（non-functional relation）的相關性的統計量：最大信息係數（MIC）和整體信息係數（total information coefficient, TIC）。被統計學家史匹德（澳，Terry Speed，1943-）譽為是「一個二十一世紀的相關性度量」。參見 Speed, T. (2011). A correlation for the 21st century. *Science*, **334**, pp. 1502-1503.

50. 海德格的原句為：靈魂落腳於詩、語言是存在的寓所。

51 參見 O'Neil, C.（歐尼爾）（2017）。大數據的傲慢與偏見：一個「圈內數學家」對演算法霸權的警告與揭發（許瑞宋譯）。大寫出版社。

52 參見 Harari, Y. N.（哈拉瑞）（2017）。人類大命運：從智人到神人（林俊宏譯）。天下文化出版社。

53 耶穌說：「我就是道路、真理、生命。」

54 凱撒說：「我來、我看、我征服。」

55 Lynch, M. P.[56]（美，1966-）認為人們凡事都習慣於在網際網路搜索，形成「搜索即相信」的認知模式。

56 參見 Lynch, M. P.（2017）。失控的真相：為什麼你知道得很多，智慧卻很少（趙亞男譯）。中信出版社。

57 趙林（2016）。武漢大學：西方哲學史。https://www.youtube.com/watch?v=GsruT3BTxJY&list=PLt7EZc9LXdTDNjY39XwtnLP42jaNLzKek

58 郳彥輝（2015）。數字利維坦：信息社會的新型危機。中共中央黨校學報，**19**，pp.46-51。

59 主編選書：Assange, J. P.（2012）。我是亞桑傑。天下文化書坊文摘報，第511 期，2012 年 3 月 2 日。

60 參見 23。

61 海德格的原句為：人詩意的棲居於大地上、語詞崩解處有一種存在出現。

後 記

　　康德說：「青年，好比雲雀，有他的晨歌；老年，好比夜鶯，應該有他的夜曲。」傾聽這往昔曾是雲雀的夜鶯的歌唱吧！即使錯調，也繼續任他唱吧——唱在這深沉的黑夜，唱到天明……。

　　尼采說：「啊，人！你得留心！傾聽這深邃的午夜之聲音！」傾聽這午夜的老鐘的響聲吧！即使錯響，也繼續任他響吧——響在這深沉的黑夜，響到天明……。

附 錄

機率與統計應用實例

實例一：尋偶與婚外情或戀外情[1]

有些單身男女因為懼怕尋偶和約會過程的挫折和壓力，寧願宅在家裡忍受寂寞；許多已婚或者正在與固定對象交往中的男女因為懼怕一人孤單，寧願停留在不美滿的關係裡忍受折磨。這樣的現象除了一些社會、倫理、文化的原因外，還有一個重要的心理原因：「不論多麼努力，永遠無法找到真正想要的理想對象。」例如，筆者有一個單身朋友王君（在此匿其真名），他所要尋找的理想女性必須同時具備下列九個近似獨立的條件：

(a) 年齡：25-50 歲（1/2）

(b) 外形：中等身高和體重、漂亮、小性感、對異性有吸引力（1/3）

(c) 文化：大專以上、聰慧、文雅（1/2）

(d) 性格：熱心、溫柔體貼、有幽默感（1/4）

(e) 經濟：有小財產，或者有正當職業而且每月收入 2.5 萬元新臺幣以上（1/2）

(f) 癖好：不抽菸、不喝酒、不賭博而且喜愛遊山玩水（1/3）

(g) 婚姻：單身而且沒有小孩（1/2）

(h) 性生活：保守中帶些狂野，含蓄中有些放縱（1/3）

(i) 感情：互相喜歡（1/3）

（小括弧中的分數代表王君，根據他個人的生活經驗，主觀地估計他遇到的異性能夠滿足該條件的機率。）

他遇到這樣的一個理想對象的機率粗略的近似值 $= (1/2) \times (1/3) \times \cdots\cdots \times (1/3) \times (1/3) = 1/5184$（$= p$）。以近些年的生活社交方式，他大約平均每年新認識 $n = 200$ 個異性，從幾何分布或巴斯卡分布（Pascal (p)）的期望值得知王君大約平均需要等待 $1/(np) = 25.92$ 年才能遇見一個他真正想要的理想對象。他現在已經五十歲出頭，頭微禿、肚微挺，來日無多，等不及了！我建議他增大樣本數 n

（即擴大社交圈）以及機率值 p（即降低尋偶標準），這樣，雖然他的理想對象的出現仍屬隨機，但是明顯地他的平均等待時間會縮短；像這般淺顯的道理，因為有學理的依據和加持，他也就欣然地接受了筆者的建議。現在，他變得相當地活躍，參加了例如歌唱、交際舞、游泳、有氧舞蹈等社團活動；而且，他似乎對於每一位遇見的異性——不論是老女、熟女、少女，不管是燕瘦環肥——都顯得興致勃勃、躍躍欲試。啊！祝他好運！

　　婚外情或戀外情，俗稱劈腿，是刺激的冒險、靈肉的出軌、伴侶的惡夢、關係的警鐘、衛道者的宿敵。存在主義者沙特說西蒙·波娃（兩人終生未正式結婚）是他終生必需的愛情，但是他也需要一些別的偶然的愛情去幫助他認識前者。沙特的四處留情似乎是實踐他的理論「存在先於本質」的一種方式，但是他的言論可能只是對於他自己的不忠實、不專一的一種主觀解釋和概念遊戲。然而，從比較客觀的機率的角度看，要符合理想伴侶的全部條件，從幾個不同的對象身上合成遠比從一個對象身上機率大而且容易得多，這說明了婚外情或戀外情的不忠實、不道德中可能含有相當的理想主義的色彩。所以，沙特可能比他理解到的他自己更理想和更勇敢。啊！筆者該閉嘴了！

實例二：刻卜勒第三定律（和諧定律）的迴歸推導

　　在刻卜勒的時代，即十六到十七世紀，人類只知道太陽系有六大行星（金、木、水、火、土、地球）。刻卜勒所利用的天文學家第谷·布拉赫的天體觀測資料中，並沒有六大行星軌道半徑的詳細數據，而且，那個時代也沒有現代的統計方法和電子計算機可資運用。但是，刻卜勒憑藉超人的毅力，經過十幾年無數多次地嘗試和錯誤以及艱辛計算，於 1618 年成功地歸納出太陽系行星運動的第三定律——和諧定律。這個定律是日後牛頓萬有引力定律的一個基礎。刻

卜勒生前沒有能夠用嚴謹的數學證明他的行星運動三大定律，也就是沒有能夠建立正式的行星運動理論體系。這三大定律是在他死後五、六十年被牛頓用微積分及微分方程正式地予以證明。

　　基於當代所精確測量到的九大行星[2]繞日的公轉週期與軌道平均半徑的數據（表1），以及公轉週期與軌道半徑這兩者之間的散佈圖（圖1），統計學家許文郁[3]運用迴歸模型（regression model）和最小平方估計法（least squares estimation method）推導出：行星「軌道平均半徑的立方」和其「公轉週期的平方」的比值為一常數（＝25），即刻卜勒行星運動第三定律。這般十分精簡的迴歸推導，說明了在擁有足夠多而且可靠的數據的情況下，機率和統計思維在探索未知與尋找規律方面具有巨大的力量。

表1　行星繞日公轉週期（T）與軌道平均半徑（R）[4]

	T （天數）	R （億公里）
水星（Mercury）	88	0.58
金星（Venus）	225	1.08
地球（Earth）	365	1.50
火星（Mars）	687	2.28
木星（Jupiter）	4,331	7.78
土星（Saturn）	10,747	14.33
天王（Uranus）	30,589	28.72
海王（Neptune）	59,800	44.95
冥王（Pluto）	90,560	59.06

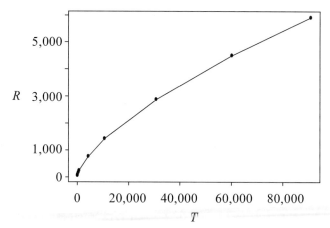

圖1　散佈圖：行星公轉週期 $= T$，軌道平均半徑 $= R$

實例三：統計檢測對占星術迷信的破除

　　占星術宣稱一個人出生時地的太陽、黃道星座（或太陽星座）、行星、月亮等的相對位置及運動可以決定他 / 她一生的性格命運，可以用來精準預測他 / 她日常生活事件的變化發展。占星術在人面臨不確定而感到焦慮、緊張、苦惱時，似乎可以提供某種依賴和指引，使人得到能夠了解自己、解決問題及掌控未來的幻覺。甚且，各種大眾媒體爲了商業利益，替占星術推波助瀾、四處傳播，使得占星術在現代社會大行其道，成爲流行文化中非理性成分最明顯的標記。

　　西方的占星術使人注意天體，感到自己是宇宙中重要的一分子，符合中國天人合一、天人感應與魔力思考（magical thinking：人的意念、話語、動作、符號等可以改變物理因果及現實規律）等大小傳統，所以在臺灣散播快速。根據可信民調，相信占星的人口比例，在美國（2017 年民調）只占 29%（男 20%，女 37%）[5]；但在臺灣（2007 年民調）卻高達 72%[6]（以占星流行增加趨勢，估計現今至少達 75%）。占星加上許多別的中國古老迷信的流行[7]，使得臺灣成爲迷信者、靈異者、怪力亂神者的天堂。占星術士們對世間一切包括如

天下大勢、國運興衰、政治選舉、吉凶禍福與財運桃花等皆妄加預
測、信口開河，竟然被尊稱為占星（諮商）師、專家、老師、師父、
心靈導師、國師等。中國人未經真正啓蒙，崇戀傳統，依附權威，一
般無嚴謹邏輯，無懷疑批判精神，輕信，不講求實證，因果推理錯
亂，喜抄捷徑、一勞永逸，信萬靈丹；甚且，許多還活在前現代，具
反科學、反智、不知所云的神祕玄虛傾向，經常事實和虛構分不清，
而以虛構代替事實，容易被神棍術士們迷惑欺騙。中國人的精神世界
是宗教迷信的大溫床，各種宗教迷信長驅直入，幾乎毫無抵抗。一些
知識分子包括大學教授、學者專家等空有專業知識和學位，卻無真正
思想能力，帶頭反智搞宗教迷信，愚己愚人，大家集體墮入宗教迷信
反理性、無理性的錯亂世界裡；正是「宗教是人民精神上的鴉片」（馬
克思語）、「迷信是人民精神上的迷幻藥」的最佳寫照。

　　法蘭克福學派哲學家阿多諾（德，T. Adorno）從社會及心理
層面分析占星術。他批判占星術是一種非理性與偽理性（pseudo-
rationality）的文化現象，也批判人們對星相預測的依賴以及占星術操
縱人們意識型態的技倆[8]。占星信徒們一般並不知道占星預測之所以
顯得正確有效而可以依賴，完全是由於許多隱藏因素──即認知偏誤
（cognitive biases）、心理因素及意識型態操縱手法──的作用，包
括如冷讀術（cold reading：由行為語言和穿著等猜測判斷）、巴納姆
效應（Barnum effect：模糊籠統、模稜兩可、不可證偽、對人人普遍
適用）、操作制約（operant conditioning）、確認偏誤[9]（信徒只選擇
性地注意正確的預測，而完全忽視錯誤的預測）、自我歸因偏誤（self-
attribution bias）及相關性錯覺（illusory correlation）等。這些隱藏
因素在技術上都可歸類為統計假象（statistical artifacts）和推論偏誤
（inferential biases）。這些因素一旦被控制後，占星的所有預測就立
刻失效[10、11]。

　　占星術士們的主要思維方式是主客體間具有神祕互滲的因果聯繫

的原始思維方式[12]。他們大多缺乏嚴謹邏輯科學訓練，心智封閉，反理性，完全認識不到占星術的許多問題和荒謬性，也拒絕所有的科學證據。但他們卻喜歡借用科學名詞如電場、磁場、能量場（氣場）及統計學來包裝其無知，欺騙其信徒[13]。例如，有占星術士公開宣稱「占星術是科學」、「占星術是具濃厚科學性格的統計科學」，真是荒天下之大唐。西方的占星術基本上是前科學時代——巴比倫到希臘時——人類對世界無知時的虛構想像，雖曾和天文學相混在一起，發揮過一些歷史作用，但是和天文學在科學革命後已分道揚鑣。近現代的占星術純粹是神話、文藝和低級娛樂的混合，是早期人類迷信的殘渣，和近現代基於理性與實證的科學和統計學一點關係都沒有。

從科學和邏輯看，占星理論粗糙混亂、自相矛盾、問題百出。例如，人出生時地的太陽、星座、行星及月亮的相對位置及運動為何會影響人的性格命運？如何影響？是經由四種作用力：強力、弱力、電磁力、重力（只有後兩者能遠矩傳遞）的那種力傳遞？從傳遞到影響人的性格命運的機制過程如何？為何能持續影響人一生？在出生時力的作用遠超過天體作用的物體如醫生、助產士、產房、醫院建築物等，對人性格命運有影響嗎？若無，為何無？若有，為何不列入考慮？為何受精成胎時不算而出生時的黃道星座才算？提早出生的嬰兒因改變星座就改變性格命運，那麼父母遺傳基因對性格的決定作用、後天環境影響及個人努力又被置於何地？再者，由於地球自轉軸逐漸地變換方向——稱為進動或歲差，每 2,160 年約 30 度，到了二十一世紀，每人出生的黃道星座都向前位移一個星座，例如，過去天秤座現在變為處女座，餘類推。甚且，蛇夫座的出現[14]，使得一年變成有 13 個黃道星座，每星座時期亦改變[15、16]。「今天的天空很不希臘」，但是，為何占星界依舊使用巴比倫、古希臘的舊黃道星座替信徒作預測？完全不理會黃道星座在當代的巨大變化（對此占星界有一些難以自圓其說的搪塞之詞[17]）？等等。對這些問題，占星界永遠不可能提

出具有充分合理解釋力而且能被客觀有效證明的答案——即在知識論上能確證爲眞、在眞理論上能在符合論和融貫論等的判準下通過檢驗。最後附帶一問：星座決定論——在本體論上披著唯物外衣，認識論上卻完全主觀唯心——否定了自由意志，正如奧古斯丁的預定論一般，會導致道德廢棄論並衍生出心理及社會問題，該如何解決？

　　總之，占星術是僞科學、僞理性和迷信，其危險（也是所有迷信的危險）爲損身體、激罪行、損錢財、損靈性、損心理和損道德等 [18]。1975 年美國 186 名傑出科學家，其中包括 18 位諾貝爾獎得主以及許多天文物理學家與美國國家科學院院士，聯名發表聲明批判占星術，指責占星術是不具有理性基礎的信仰和不具有科學基礎的教條、占星術士們是騙子（Charlatans），媒體及有聲譽的報紙、雜誌、出版社不斷地不加批判地傳播天宮圖和星相預測等令人特別憂心——這只會助長非理性主義和蒙昧主義 [19]。另外，西方學術界到 2003 年已經有超過 500 多個對於占星術的科學實證統計檢定研究，所有研究結果無一支持占星理論的任何有效性 [20]。但是，在臺灣，這些重要的實證結果，因爲和幾乎所有的媒體炒作占星術 [21] 的立場衝突，也和群眾集體反智氣氛不相容，所以媒體很少報導。即使在網際網路上偶爾有人報導，也很少人去注意和傳播，除了少數有識者外，幾乎沒人知道。

　　有些臺灣學術界的大老熱衷於名利權勢或官祿爵位，爲了政治黨派意識型態常搞簽名連署，發表聲明，共同表態要挺這個人不挺那個人的，好不熱鬧。但是他們對於占星及其他迷信的愚民反智、四處瀰漫、危害社會卻異常沉默，從來沒有要聯名發表聲明批判迷信，任憑反智逆流橫行。同樣的，大學教授爲了升等以及向科技部搞津貼補助，大多專心於象牙塔內安全無聊小研究，對校園內外的迷信及病態現象不聞不問。臺灣學術界的有識者必須要挺身出來，強而有力的以言論和實證研究向迷信和無知宣戰。

　　統計是讓一切迷信和謊言無所遁形的照妖鏡。以下是，從職業、

婚配、人格特質及占星術士本身四個方面，證實星相預測完全無效的一些統計研究實例。實例中的研究方法可以用來作為破除所有其他迷信的實證方法的參考。

(一) 專業或職業預測

(1) McGervey[22] 根據美國 16,634 科學家及 6,475 政客，共 23,109 人的星座和職業數據來檢定占星術士們所宣稱的：這兩群人多聚集於某些特定星座。他發現這兩群人的星座分布完全是隨機的 —— 即星座和職業之間並無任何統計上顯著的相關性。

(2) Gauquelin[23] 蒐集了 15,560 人的星座和職業數據，經由統計檢定他發現星座對事業成功並無任何顯著的影響。

(3) 政治大學的一個研究 [24] 蒐集了 116 位十八至二十世紀知名的統計或機率學家、210 位政大統計系大學生及 210 位財務管理系大學生的星座數據。經由卡方（Chi-square）檢定發現以星座區分並不能拒絕均勻分配 —— 即知名的統計或機率學家以及政大統計系和財務管理系大學生並沒有顯著地聚集於某些特定星座。

(二) 婚配預測

(1) Silverman[25] 根據 3,456 對夫婦的婚姻狀況（其中 478 對離婚）及星座數據，來檢定占星術士們對於星座匹配與否所作的預測的正確性，他發現這些預測和實際婚姻狀況之間並沒有任何統計上顯著的相關性 —— 所謂星座匹配或星座不匹配這兩群的離婚率並無顯著差別。

(2) Voas[26] 根據英格蘭和威爾士在 2001 年人口普查資料中的 9,500,773 對夫婦的星座數據來檢定星相對於星座匹配與否所作的預測的正確性；這是迄今為止對於占星術有效與否所作的最大規模的統計檢定。他發現並不能拒絕 144 對可能的星座配對具有均勻分布，即每一配對出現的機率都是 1/144 —— 的假設。一個人的星座對於他 /

她和任何星座的人結婚——或維持住婚姻——的機率並無任何顯著影響，所以用星座來預測匹不匹配是無效的。寂寞的心要尋覓伴侶，卻一味擔憂星座匹配與否，甚至因之影響交往和婚配決定，是對時間、青春和生命的可悲浪費。

（三）人格特質或個性預測

(1) Bastedo[27] 從 14 個不同的占星術來源蒐集了 2,375 個（每一星座約 200 個）和星座有關的形容詞。他蒐集了 1,000 人的星座及與這些形容詞相關的資料，經由卡方檢定，發現 33 個應變項如領導力、政治傾向、智力、社交能力、創造力、自信心、組織力、吸引力等，和星座——即自變項——之間並沒有任何顯著的相關性。

(2) Gauquelin[28] 將法國歷史上一名惡名昭彰的連環殺手 Petiot 醫生——在審判時他承認共殺死了 63 個人——的星象個性預測，包括如溫暖、理解、風趣、有道德感、願為別人奉獻等，寄給了各種不同星座的人共 500 位，並且要他們評估自己和這些描述的相合程度。結果有 94% 的人回覆說這一份星相報告非常準確地描述了他自己的個性——這既是星相對 Petiot 人格預測的錯誤，也是典型的巴納姆效應的一例。

(3) 陶聖屏等 [29] 以分層抽樣蒐集了 1,523 人（其中 900 多人為中華民國海軍官兵）的星座和人格特質等數據，發現星座和廣告態度之間以及星座和人格特質之間均無顯著相關性，星座對於廣告態度和人格特質亦無任何解釋力。

(4) Dean 和 Kelly[30] 要檢定那些無血緣關係但幾乎同時出生的人們是否如占星術士們所宣稱在生命、氣質和人格上超常相似。他們蒐集了 2,101 位出生時間平均僅差 4.8 分鐘的人，經由統計檢定，發現這些人在各方面，包括如智商、行為、性格、能力、身體、職業、婚姻等，皆無任何顯著的序列相關性（serial correlation）；所以占星術

士們所宣稱的超常相似性是完全不存在的。

(四)占星術士們預測的無效與不一致

(1) Culver 和 Ianna[31] 蒐集了一些著名的星相術士和組織在某五年間正式發表的星相預測，發現他們所作的總共 3,000 次關於名人、活躍政客們等的星相預測，大約只有 10% 是對的，其餘 90% 都是錯的。任何對於新聞和政治民調有些注意的普通人都可以比他們預測得更好。

(2) 為了檢定占星術士們的預測能力，Carlson[32] 邀請了一些統計學家、科學家和 28 名權威的占星術士——後者絕大多數是由占星界尊崇的美國地球宇宙研究委員會（National Council for Geocosmic Research）所推薦——共同設計了一套雙盲（double-blind）檢定過程。116 位自願者提供了星座數據以及經由參加加州心理測驗量表（California Psychological Inventory, CPI）而得到的一份人格輪廓，包括如控制欲、社交性、自我認同、忍耐力及責任感等共 18 個面向的量度報告。每一名占星術士要根據他／她對於每一位自願者的星相分析從三份 CPI 人格輪廓報告中——其中一份是自願者的真報告，另兩份是隨機加入的假報告——挑選出最相合的一份。結果占星術士們的挑選正確率只有 34%（±4.4%），和純粹隨機猜測者並無顯著差異；否定了占星理論的正確性和有效性。

(3) Dean 和 Kelly[33]，統計了 25 個研究報告中共約 500 個占星術士的星相預測，發現他們的一致性的平均效應值（effect size）很小——僅為 0.10±0.064。這說明占星術士們基本上是各說各話，其星相預測很少有一致性。據估計每天有將近十萬名星相術士在全球各地作預測，他們彼此之間南轅北轍、分歧矛盾，作出了許多不一致的星相預測。信徒們到底該相信誰呢？又如何能夠相信呢？

放棄星相迷信及其他一切迷信吧！不確定性是人生的本質，並無

任何非理性或超自然的方式可以將之迅快解決。迷信造成大量時間、金錢、情感上的消耗，卻只能帶來更多的愚昧、偏見、恐懼與不幸；迷信的人活在一個陌生而黑暗的世界裡，被占星術士及其他神棍們宰制，失去心智獨立與自由，難見真正天日。

　　將主題知識、機率和統計以及大數據方法結合起來去預測未來，是唯一安全可靠、明智有效的預測方式。人生在世唯有理性和真正知識能夠信任、能夠照亮引導人生。人要運用理性和真正知識去掌握不確定事件發生的或然率，努力用實踐行動去改變不確定事件發生的或然率，並且勇敢而有耐性地等待或然事件在自己努力之下的開展與實現。如是，人就衝破了非理性和蒙昧的重圍，而將人生和未來搶回到自己的手掌中。

註釋

1　參考 Singer, B. (1986). Probabilities, meeting, and mating. In *The Fascination of Statistics* (Edited by R.J. Brook et al.). New York: *Marcel Dekker, Inc.*

2　國際天文聯合會（International Astronomical Union）於 2006 年公布新的行星定義，將冥王星排除在行星之外，引起了許多爭議。

3　許文郁在其著作〈解讀大自然的語言——談統計方法在科學探索裡所扮演的角色〉（〔2012〕pp. 3-30，DNA 搭乘頭等艙：國立清華大學高中學術列車叢書。五南出版社）中的推導簡述如下：從散佈圖（圖 1）可知一個合理的模型為

$$R = aT^{\beta}，a > 0 \text{ 和 } 0 < \beta < 1 \text{ 為未知參數。}$$

經由對數（基底為 10）轉換得到下列對等的簡單線性迴歸模型：

$$\log R = \log (aT^{\beta}) = \alpha + \beta \log T，\text{此處 } \alpha = \log a。$$

應用最小平方估計法到表 1 的數據得到估計值 $\hat{\alpha} = 0.466$，$\hat{\beta} = 2/3$ 和下列的最小平方迴歸直線：

$$\log R = 0.466 + (2/3) \log T = 0.466 + \log T^{2/3}。$$

因此，

$$R = 10^{0.466} \times T^{2/3} \text{ 或 } R^3 = 25 \times T^2 \text{ 或 } R^3 / T^2 = 25 。$$

4 數據源自美國國家航空暨太空總署（NASA）Planetary Fact Sheet-Metric (July, 2018). https://nssdc.gsfc.nasa.gov/planetary/factsheet/

5 普尤研究中心（Pew Research Center）2017 年的民調。參見 Brooks, D. (2019). The age of Aquarius, All over again! *New York Times*. June 10, 2019.

6 參見蔡俊彥、黃臺珠（2007）。臺灣地區國民對科學和科技知識了解之研究。「中華民國第二十三屆科學教育學術研討會」論文。國立高雄師範大學。

7 參閱瞿海源（2006）。宗教、術數與社會變遷（一）（二版）第十一章：占星、星座在臺灣流行的分析。pp.293-324。桂冠圖書公司。

8 參閱 Adorno, T. (1994). The Stars Down to Earth and Other Essays on the Irrational in Culture. London: Routledge classics.

9 一般是指有選擇性地回憶、蒐集、注意或詮釋資訊來強化既有的成見與信念，並且完全忽視和成見與信念不相容的資訊。

10 Dean, G. and Kelly, I. W. (2003). Is astrology relevant to consciousness and psi? *Journal of Consciousness Studies*, **10**, pp.175-198.

11 參見 Dean, G., Mather, A., Nias, D. and Smit, R. (eds.) (2016). *Tests of Astrology: A Critical Review of Hundreds of Studies*. Amsterdam: AinO Publications.

12 參見 Levy-Bruhl, L.（1981）。原始思維（丁由譯）。商務印書館。

13 在臺灣，有一些占星術士也強調講太陽十二星座是不對的，是騙人的。見 7。pp.301-303。

14 國際天文聯合會於 1928 年確認。

15 美國國家航空暨太空總署（NASA Science）（2019）。Constellations and the Calendar. https://spaceplace.nasa.gov/starfinder2/en/

16 Friedman, M. (2011). Horoscope hang-up: Earth rotation changes zodiac signs. *TIME Magazine*. January 13, 2011.

17 恆星（Sidereal）黃道占星派對此無法解釋。回歸（Tropical）黃道占星派

（即西洋占星派）雖以固定不變的純概念的 12 個虛擬星座來解釋，但卻因虛擬星座無法正確反映實體星座的變化而陷入自相矛盾。它只是無聊虛幻的符號遊戲。

18 參見 Ankerberg, J. and Weldon, J.（2000）。占星術的眞相（逸萍譯）。天道書樓有限公司。

19 Objections to Astrology (1975)—A statement by 186 leading scientists. *The Humanist*, **35**, pp.4-6.

20 同 10。附帶一提，M. Gauquelin 所謂的火星效應已經被證明並不存在。詳見 Dean, G. (2002). Is the Mars effect a social effect? *Skeptical Inquirer*, **26**, pp.33-38.

21 同 7。p.304。

22 McGervey, J. D. (1977). A statistical test of sun-sign astrology. *The Zetetic*, **1**, pp.49-54.

23 Gauquelin, M. (1982). Zodiac and personality: An empirical study. *Skeptical Inquirer*, **6**, pp.57-65.

24 星座與科系－政治大學（2005）。http://csyue.nccu.edu.tw/ch/Astrology (20051123).doc

25 Silverman, B. I. (1971). Studies of Astrology. *Journal of Psychology*, **77**, pp.141-149.

26 Voas, D. (2007). Ten million marriages: An astrological detective story. *Skeptical Inquirer*, **32**, pp.52-55.

27 Bastedo, R. (1978). An empirical test of popular astrology. *Skeptical Inquirer*, **3**, pp.17-38.

28 參見 Gauquelin, M. (1979). *Dreams and Illusions of Astrology*. Prometheus Books.

29 陶聖屏、游筱燕、陳竹梅（2008）。星星知我心？星座、人格特質、廣告態度之初探性實證研究。復興崗學報，**92**，pp. 27-54。

30 同 10。

31 參見 Culver, R. B. and Ianna, P. A. (1984). *The Gemini Syndrome: A Scientific*

Evaluation of Astrology. Buffalo: Prometheus Books.

32 Carlson, S. (1985). A double-blind test of astrology. *Nature*, **318**, pp.419-425.

33 同 10。

國家圖書館出版品預行編目資料

蘇格拉底到大數據：理性與非理性的鬥爭／
吳鐵肩著. －－初版.－－臺北市：五南，
2020.01
　　面；　公分
　　ISBN 978-957-763-773-4（平裝）

1.哲學　2.文集

107　　　　　　　　　　108019785

4Z12

蘇格拉底到大數據
理性與非理性的鬥爭

作　　　者 ― 吳鐵肩

發 行 人 ― 楊榮川

總 經 理 ― 楊士清

總 編 輯 ― 楊秀麗

副總編輯 ― 陳念祖

責任編輯 ― 郭雲周、李敏華

封面設計 ― 姚孝慈

出 版 者 ― 五南圖書出版股份有限公司

地　　　址：106台北市大安區和平東路二段339號4樓

電　　　話：(02)2705-5066　　傳　　真：(02)2706-6100

網　　　址：http://www.wunan.com.tw

電子郵件：wunan@wunan.com.tw

劃撥帳號：01068953

戶　　　名：五南圖書出版股份有限公司

法律顧問　林勝安律師事務所　林勝安律師

出版日期　2020年 1 月初版一刷

定　　　價　新臺幣280元